艺术家系列

Van Gogh
凡·高

〔意〕恩里卡·克里斯皮诺 著
杨馥 译

陕西新华出版传媒集团
太白文艺出版社

目 录

第一章　不安的青春期
　　生之枷锁　/　3
　　最初的困顿　/　11
　　学校与矿井　/　16

第二章　荷兰时期
　　绘画之选　/　24
　　为卑微之人作画　/　30
　　一段丑闻　/　49

第三章　印象派大都会
　　在艺术中心　/　68
　　转变　/　76
　　发现日本版画　/　93

第四章　普罗旺斯艳阳
　　光之寻获　/　108
　　与高更的友谊　/　138
　　南部工作室　/　142
　　黄色之家的共同生活　/　148
　　破裂　/　169

第五章　疯痴
　　生之不适　/　174

第六章　尾声
　　在圣雷米的疗养　/　182
　　奥维尔的嘉歇医生　/　203
　　凡·高的遗产　/　228
　　凡·高画作的市场　/　230

附　录　/　238

第一章
不安的青春期

生之枷锁

文森特·凡·高的母亲安娜·克纳莉亚·卡本特斯是怎么度过怀孕数月及待产期的呢？1852年，第一个儿子出生后很快就夭折；不难想象，次子临产，她心情矛盾，再度充满希冀又异常不安。终于，在1853年3月30日，第二个孩子顺利出生并起名文森特·威廉·凡·高。3月30日对凡·高来说是一个不平常的日期，既是哥哥夭折的日子，也是他来到人世的日子。奇怪的巧合，仿佛有种天注定的意味。就像上天看待次子，不过是长子的替代品，文森特其实是哥哥的洗礼名。不，或者他觉得自己更像一个篡位者，霸占了不属于他的摇篮，盗走了他人父母的情感。有人认为，凡·高的负罪感在童年时就已根深蒂固，是折磨他直至自杀结束其不幸一生的痛。其情绪不稳，如根据近来一些有关胎儿感知的理论，或许可以在母亲怀他时的不安中找寻根源。无论原因是什么，小文森特怀着一颗比一般人敏感的心，在痛苦与不安中成长。

凡·高家族历史悠久。Van·Gogh① 这一姓氏很可能源自靠近德国边境的小城市高（Gogh）。文森特的祖先从16世纪开始就在荷兰生活，其中很

---

① 介词van在荷兰语中有"的""自"之意，也是很多荷兰姓氏的前缀，后面一般跟着一个地名。不过跟德语的von不同，van并非贵族或王族的标志。——译者注

文森特·凡·高，约十二岁

文森特·凡·高，十三岁

多人担任了重要公职，比如约翰内斯·凡·高，就是乌德勒支同盟1628年的"大司库"；米歇尔·凡·高，是1660年迎接英国新国王查理二世登上王座的大使团中的一员；文森特的父亲——提奥多勒斯·凡·高，1822年生于班乔普，在乌德勒支修读完神学后，二十七岁的他于1849年4月1日搬到现今荷兰北布拉班特省担任牧师，成为津德尔特教区加尔文教派的宗教领袖。提奥多勒斯的十个兄弟生活在不同地方，文森特主要跟其中四个叔伯来往：亨德里克·文森特（多被称为亨伯伯），在布鲁塞尔买卖艺术品；约翰内斯（扬伯伯），曾在海军风光过，生活在阿姆斯特丹；克纳利斯·马里努斯（克叔叔）与文森特（森伯伯），二人均为艺术品商人。

文森特的母亲，于1819年出生，是海牙宫廷一位书籍装订匠的女儿。她比丈夫年长近三岁，二人于1851年结婚。这段婚姻一共孕育了七个子女。在长子的夭折与文森特的出生后，其他的孩子陆续来到人世：安娜·克纳莉亚（1855）、提奥（1857）、伊丽莎白·胡蓓尔塔（1859）、薇荷明妮·雅克芭（1862）以及克纳利斯·文森特（1867）。安娜·克纳莉亚·卡本特斯·凡·高是一位充满精力的女子，热爱大自然，其信件中展露的写作才能似乎被她的画家儿子继承了。

文森特出生的中产家庭受人尊敬、墨守成规，与此相衬的是在他们所生活之地的狭隘、封闭与故作清高之中，他却似乎养成了恰恰相反的个

文森特·凡·高（1871）

提奥多勒斯·凡·高，凡·高父亲

阿姆斯特丹凡·高博物馆

安娜·克纳莉亚·卡本特斯，凡·高母亲

性。"我的青春岁月……灰暗、冰冷、徒然无功。"在给弟弟提奥的数百封信件中的其中一封,文森特这样写道。正是这些信件,连同跟妹妹薇荷明妮、其他亲戚以及朋友如画家埃米尔·贝尔纳的通信,形成了解凡·高人生与其想法的主要来源。一共864封信,以荷兰语、法语及英语写下,其中从1872年12月13日至1890年7月23日的668封是写给弟弟的。给提奥的信件于1914年由其遗孀乔安娜·邦格首次公开。他们的儿子文森特·威廉——父母有意以伯父的名字作为其洗礼名,出版了凡·高兄弟俩的所有通信,也包括自己父亲写给伯父的那些信件。对文森特来说,比他小四岁的弟弟提奥无疑是他生命中最重要的人,与其关系为所有家人关系中最稳固的。兄弟俩关系的特别在信件中一览无遗。在童年与青春期建立的对彼此的完全信任,尽管各自对人生有不同的看法、做了不同的选择——文森特是"败家子",而提奥是家中"头脑正常"的那一位,却让俩人亲密无间、充满默契。文森特在信中多次说起自己跟提奥的关系。比如在1876年,有次他这样写道:"我很开心我们有如此多的共同点,

凡·高出生的家,位于津德尔特,在1903年被拆除。

纪念碑文

我指的不只是童年回忆,还有你也在我不久前离开的公司工作这一点,你也认识如此多我熟悉的人和地方,也那么热爱大自然和艺术。"当文森特于1880年毅然开始其艺术生涯时,俩人的关系变得更为紧密。提奥成为哥哥的"资助人",好让他一生不用为钱担忧而专心从事创作。

文森特想着以慢慢画出来的画回报他,尽管自己首先质疑自己的才能:"你对我这么好,我真的很想做点什么来向你表达我的感激之情。"在1889年11月,他这样给弟弟写道。此外,文森特认为提奥也是一位"艺

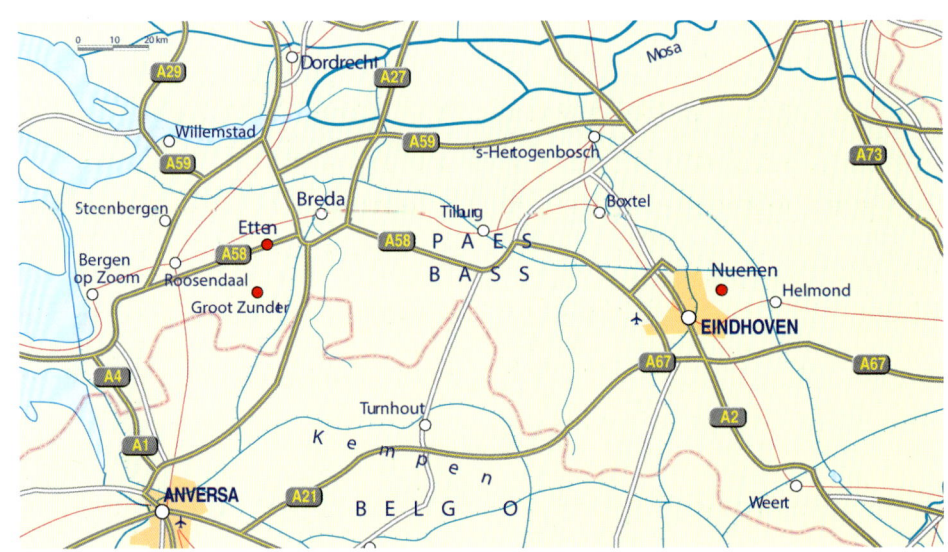

Paesi bassi荷兰;Etten埃滕;Anversa安特卫普;Tilburg蒂尔堡;Belgio比利时

——译者注

凡·高津德尔特故居原址新建的建筑

术家"，是其画作的共同作者："目前我还不觉得自己的画比得上你给我的帮助。一切好起来，我向你保证，你跟我一样创作了它们，因为是我们两个人一起去做的。"在1888年9月他这样说道。在他去世那天写下而未寄出的信里，他再次提起："不过，我亲爱的弟弟……我再跟你说一次，我一直不认为你只是买卖柯罗画作的商人，你通过我参与了一些画的创作，它们虽一败涂地却保有其画作的平和。"

在给提奥的信件中，文森特跟父母的相处之难一览无遗，毫无折中之计。特别有代表性的那些写自埃滕——荷兰境内北布拉班特地区的小城，在经历一系列的失败后，于1881年文森特回到父母家生活一段时间，比如头几个月里寄出的这一封："爸爸和妈妈很好，但不能理解我们心底的感觉，无法觉察我们真正的想法。他们全心全意地爱着我们（尤其是你），我们两个人（我跟你一样）也深深爱着他们，只可惜多数时候他们给不了我们可行的建议，哪怕用意再好，他们也不懂我们。这不是我们的错，也不是他们的错，而是年龄、想法和出发点的差异。"

文森特在埃滕的家中跟父母的冲突因为一件事的催化而爆发：他就

像在过往一样,爱上了不该爱上的人。这次是表姐琪,守寡并有一子,却无意跟他有任何关系。被爱情蒙蔽双眼的他毫不死心,跟踪所爱并热烈追求她,最终以令所有人尴尬收场,导致与家中尤其是跟父亲发生了激烈的争吵。尽管文森特无比渴望父亲的爱与认可,但对其严格的道德标准、狭隘的思想、故作清高的信仰和对其权威主义的无法忍受,跃然在给弟弟的信里:"爸爸没有办法懂我,而我也无法接受他的想法,这种压迫,会令我窒息。"

"我有时也会读《圣经》,就像我也会读米什莱、巴尔扎克和艾略特①的作品一样,但我在《圣经》里看到的东西跟爸爸看到的不同,我找不到他在其中找到并以其学究思维解读的东西……爸爸完全不懂艺术。在他不插手我的事情时,我跟他相处得比较好,我得在很多事情上自由独立。"离上封信短短几个月后他惆怅地写道。在一次激烈的争吵中,父亲叫嚷着让他滚出家门(这触犯了文森特的底线,他马上搬去了海牙),于随后寄出的这封1882年1月写的信里他好好地发泄了因父母无法理解自己的不忿,洋洋洒洒地控诉了他们一番。他一共写了十点来回应弟弟对他不够尊重父母的指责,点点有根有据,如第二至第六点:"二、'让父母不得安宁'这样的表达不是你会说的话,这属于爸爸的虚伪做派,我早有领教。我已经跟爸妈说了我觉得这说法很虚伪,我毫不在乎。每次只要跟爸爸说些他无法回应的事时,他就会搬出类似说法:比如他在舒坦地看着报纸、吸着烟斗时也说得出'你最终会杀了我'这样的话。所以我不觉得这些表达真的有意义。有时候爸爸大发脾气,大家都害怕得不行,只能乖乖听话。当有人不服时,他当然会吃惊。爸爸在家里尤易怒和固执,觉得自己有权力对所有人发号施令。他的任何想法都顺理成章地成为'家规',我也得服从。三、跟一位老人争执并不难,等等。没错,正因为爸爸老了、累了,之前我忍让了数百次一些几乎无法忍受的事情;唯独这次,与争执无关,只是简单地说:'够了。'由于他完全没有听你说话的打算,我觉得一次说个彻底是合适的。我相信这对爸爸来说是一件绝好的事,他得听听别人有时所想却没有勇气跟他说的话。四、我们的(指文森特和父亲)关系不容易修复。为了这件事能好好收尾,我写信告诉爸爸我租了一间画室,希望他一

---

① 化名为乔治·艾略特的英国女作家玛丽·安·伊万斯。——译者注

切都好，也希望在新的一年里我们不再吵架。除此之外，我不会再做什么，没有必要。如果只是一次的话，那会很不同；但这是一系列冲突的最后一次争吵，当时我冷静而坚定地跟爸爸说了不少一直以来他不愿面对的事情。不管是否怒火攻心，我所想的始终如一，只是当时我无法再保持沉默，也无法客气地回应。我承认这次我真的好好发泄了一番。但我没有为此道歉的意思，如果爸妈一如既往，该说的我一个字都不会忍。什么时候他们变得通情达理、体贴和坦诚，我会乐意收回所有之前说过的话。但我不觉得这会发生。五、爸妈不跟我和好的话就活不下去了，等等。没错，他们在自己周围建造了一片沙漠并准备悲伤地终老……如果他们不改变的话，我怕他们要做好准备度过很多孤单、难过的日子。六、我会后悔的，等等。在事情演变到这个份儿上前，父母亲对我的不理解让我痛苦不堪。但事已至今，老实说，我一点也不后悔，只觉得被解放。如果以后我觉得自己做错了的话，后悔的自然是我的方式；但至今我也不认为当时可以换另外一种方式来反应。若在将来我再次听到毫不犹疑的一句：'你能有多快就多快地滚出家门！'我马上就走，永不再回头。因为经济关系，也不想给你添更多麻烦，我本不想离开家，也是不得已，请理解我；但他们的那句：'滚！'让我的路显得无比清晰。"

当文森特去海牙继续追求他的艺术事业时，用他自己的话来说"事已至今"，和谐家庭的假象已然破碎。数月后，关系破裂的苦涩再次涌上他的心头，挥之不去。在给弟弟不间断的信件中他再次提起："提奥，我禁不住想，如果爸爸可以多信任我一点，少点质疑，我们家能有多不同啊；如果他能不把我看作一个只会犯错的人，而是多给点耐心，愿意听听我真正的想法——可惜他什么都没懂。首先，他也不会因为我而这么难过，如此为我着急；其次，他也不会令我这么难过。每当想到这比没有家，比没有父母、亲人还不如时，我很心痛。从前我时常这样想，现在也是。"

凡·高于1882年1月离开的父母在埃滕的家并非他所出生的地方。他出生于荷兰北布拉班特地区的另一个村庄津德尔特。凡·高一家是在1875年搬去埃滕的。如前文所说，他的父亲在那得到首份工作，成为加尔文教派牧师。正是在这距离比利时的城市安特卫普三十公里的农村，这位未来的艺术家度过了其童年与青春期。

凡·高母亲肖像画（1888年10月）
作于阿尔勒
加州帕萨迪纳，诺顿·西蒙美术馆

最初的困顿

涉及凡·高生命头十年的资料很少。文森特幼儿时显得一切平常,于 1860 年注册入读村里的学校。第一年的男老师是位天主教徒,此后,照父亲的意愿,文森时跟私人老师继续学业直到 1864 年,十一岁时被送到附近泽芬贝亨的寄宿学校。当时,他异常敏感的个性就已令其痛苦不堪,成年后仍历历在目,回想起时他这样写道:"站在楼梯上,旁边是普维利先生,我看着我们的车在潮湿的路上渐行渐远。"随后,文森特在靠近津德尔特的蒂尔堡上了两年的中学,直到 1868 年,十五岁时,他的学业突然中止。似乎主要是经济原因,家里无法再支持他上学,但也源自其不甚显著的学习效果,很可能文森特自己也不想加重亲戚的负担,次年他就开始了工作。近十年后,于 1877 年,在他为了修读神学准备大学入学考试时,也是差不多一样的情况,在学业上的徒然努力,尤其是过分庞大的开支,让他最终不得不放弃——"你也许会说,为什么你没有像我们希望的一样坚持读大学?"1880 年他给提奥写道,"关于这个话题我不想多说什么,太贵了。"他简单地为其放弃读大学辩解道。

有关其在津德尔特的童年,文森特尤其记得北部多雾、平坦的风光,以及那些自己一个人或有其所深爱的弟弟作陪的散步时光:"布拉班特的田地和旷野总会在我们心中占有一隅。"成年时他这样给弟弟写道。"在我们布拉班特有很多橡树,在荷兰有很多柳树。"于 1878 年回想起时,从博里纳日的煤矿区给弟弟写道。"我在生病时重新看见了津德尔特家中的每个房间、每条路、花园里的每棵植物、周边的田野、邻居、墓地、教堂及菜圃,甚至墓地那棵大相思树上的喜鹊巢。"于 1889 年 1 月,由于精神崩溃被首次强制抢救的次日,他从阿尔勒给弟弟写信吐露。一两个月后,他在圣雷米的精神病院写道:"我随信给你寄一张这里的蝉的素描。天气很热时,它们的叫声对我来说跟我们家一带农民家的蟋蟀叫声有着同样的魅力。"

弟弟提奥

总而言之，家乡的记忆在这位敏感男子的心中从未磨灭。他很年轻时就离开家，绝望地找寻自我的路，经历重重波折才于三十岁左右找到，但最终也没能令其富有或快乐。

凡·高第一次想到未来是在1869年，他十六岁。在父亲其中一个兄弟——森伯伯的帮助下，在古皮尔公司的海牙分店找到工作。这家享有盛誉的巴黎艺术品复制和印刷公司在全欧洲都有分店。这对一个过早就要肩负生活责任的年轻人来说，似是理智的选择。但在1876年，跟提奥回忆起这一段向成人生活过渡的重要时刻时，文森特写道："我的父亲是荷兰一座小村庄的牧师。我十一岁开始上学，直到十六岁。当时我得选择一份工作，但我不知道应该做什么才好。"如此表述让人看出这位少年不太确定要做什么选择。事实上，几乎可以肯定的是，他的选择是为了迎合父母的期望。说到这，值得留心的是，凡·高家族的男性世代选择的职业一般为两种：牧师（父亲提奥多勒斯，本身是一位新教牧师的儿子）和艺术品商人（像父亲的三个兄弟，然后是提奥）。如此，也许是为了不打破家族传统，文森特先后选择了这两条路并真心希望能有好的结果。然而两次都失败了，但这两次经历对其未来的艺术生涯有着重要影响。

供职于古皮尔，凡·高得以直接、持续地接触绘画与素描，可以看到大量过去与当代艺术作品的复制品和照片；在空余时间，可以参观当地的博物馆和学习荷兰大师们的作品。在1873年以前一切进展得都不错。这一年也是弟弟提奥进入古皮尔一家分店工作的年份（于布鲁塞尔，在那有亨伯伯照应），对文森特来说是其首次在巴黎逗留，期间他兴奋地参观了沙龙展、罗浮宫与卢森堡博物馆。但这一年尤其是他转到古皮尔公司伦敦分店的年份，这个转变将会影响其信仰的演变与其在著名艺术品复制和印刷公司的工作，没想到两年后他就被断然解雇，未再复职。

凡·高在英国的伦敦停留了两年，活在痛苦和孤单中，这可从其信件中愈发阴沉的语气里轻易察觉。他在伦敦的生活离群而单调，也是因为收入低微：唯一的乐趣是于下班后在公园或泰晤士河边长时间的

森伯伯（文森特），父亲提奥多勒斯的哥哥

北部记忆（1890年3—4月）
阿姆斯特丹，凡·高博物馆

散步、参观博物馆、阅读——"当地"作者如狄更斯和乔治·艾略特最为喜爱，以及画画。最糟的是，8月，文森特因为住处变得太贵而搬到包食宿的海克福德路87号寡妇洛耶家中时，爱上了女房东的女儿而被拒绝。这是他首次爱情梦碎，是第一段不可能的关系，就像他感情生活中的其他关系一样。值得注意的是，女孩的名字是尤嘉妮而非厄休拉，很多早期的传记作者在转录时把母亲的名字错当作女儿的名字。还有人认为凡·高的苦涩初恋对象是一个名为卡罗琳·汉尼贝克的荷兰女孩，不过到目前为止还未被人们确定。

在他灰暗、绝望的伦敦旅居期间，文森特慢慢开始以一种神秘的态度看待事物，直至变为狂热的宗教徒。对宗教的热情越是高涨，他越是怠慢在古皮尔的工作。于是1875年5月，森伯伯希望能通过扭转局面，出力把他调到巴黎总公司，可惜做了无用功。同年9月，文森特这样给提奥写信道："因此如信奉基督，得

车道（1872年秋天—1873年春天）
作于海牙
阿姆斯特丹，凡·高博物馆

以重生；旧的已去，新的已现。我有意毁掉我所有的书：米什莱的书，等等。我希望你也这样做。"显然在他身上已出现重大转变，这时的文森特以特别的眼光看待生活，认为自己有着为其同类服务的使命。其新的信条严苛到他要放弃所有世俗兴趣，包括深爱的书籍，只要是世俗话题的书都得抛开。如今他的兴趣几乎只剩下读《圣经》与《师主篇》（"读它吧，这本书很棒，很有启发性。"他给提奥写信道）此类书。

1875年年末时，他在古皮尔的职位已难保。他越来越无心工作、上班迟到、易怒且对顾客无礼、无法忍受上司，甚至未得准许就擅自回家度圣诞假期。直到1876年4月1日，这家巴黎的艺术品复制和印刷公司被转到合伙人布索－瓦拉东手上，他被告知卷铺盖走人。

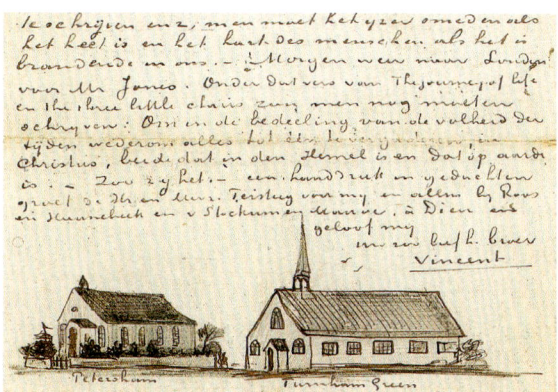

伦敦威斯敏斯特桥与议会略图（1875年7月24日）
作于一封有古皮尔公司抬头的寄给弟弟提奥的信上
阿姆斯特丹，凡·高博物馆

海牙宫廷的池塘（1873年春天）
作于海牙
阿姆斯特丹，凡·高博物馆

学校与矿井

这于文森特而言几乎是一种解放,以为终于找到了属于自己真正的路。因而离开巴黎,回到伦敦,成为拉姆斯盖特一所由神父威廉·波特·斯托克斯管理的私立学校的替补教师,以此换得食宿作为报酬。他负责二十四个介于十岁至十四岁之间的孩子,并似乎挺喜欢教书的。夏天时,他找到另外一份工作,这次是在位于艾尔沃斯郊区由卫理公会教派神父托马斯·司雷德·琼斯管理的学校。他迫不及待地想得到宗教性质的工作任务,于是文森特成功争取到 10 月 29 日周日的首个布道。但他的字句不具信服力,也不引人入胜,就像发生在其父亲身上一样。圣诞节时,他回到父母在埃滕的家,其常发作的宗教狂热让父母开始紧张起来。家人设法说服他不再回伦敦,这时还是森伯伯想办法为他在离埃滕相对较近的多德雷赫特的包乐史 - 范罢览书店找到一份工作。父母令其"改邪归正"的尝试只起了短暂的作用,因为文森特心不在此,仍继续追求他的宗教梦,对待同事与顾客大意而无礼。最后他再次下定决心,决定放弃这份工作,并与父亲达成只是表面让双方满意的共识:他可以自由追求自己的职业,但得确保一个双赢的结果,就是到阿姆斯特丹大学修读神学。因此,正如前文所述,他于 1877 年 5 月开始准备入学考试。一切都被安排到最好以保证其所需,他住在父亲的另一个哥哥——海军造船厂指挥官约翰内斯(扬伯伯)在阿姆斯特丹的家里,姨丈、牧师斯特里克跟进他的学业,并找来门德斯·德克斯塔教授教他希腊语和拉丁语;日后教授这样回忆这位年轻学子:"从三楼的房间……我看着他抵达,把书紧紧夹在右臂腋下,左手上是清晨在墓地旁摘的雪花莲。"

如前文所说,在某一点上,文森特决定放弃:投入太高,回报太低。"现在只是想起也会打寒战。那是我生命中最糟的时期。"两年后在一封给提奥的信里他这样回忆道。希腊语和拉丁语对我有什么用呢?他可能会这样想。他既不想成为一位沉闷的教授,也不想成为一名体面的周日布道的牧师,其激进的基督教理念让他有与受苦受难者并肩作战的念头。因此 1878 年 7 月,文森特离开阿姆斯特丹,回到父母在埃滕的家。家人试着理解、迎合他,尝试改善关系。下一步是在布鲁塞尔附近的雷肯教授三个月的课程,不需要希腊语和拉丁语也能让他成为一名公众牧师。其实他的父母对此并不抱太大期望,鉴于其屡试屡败的历史:"我总这样想,无论他在哪里或做什么,文森特的反常以及他的那些怪念头总能毁掉一切。"他的母亲这样写道。

他的父亲补充道:"看着他这样生而无

埃滕的教会委员会与教堂
（1876年4月）
作于埃滕

拉姆斯查特学校窗外景观（1876）
阿姆斯特丹，凡·高博物馆

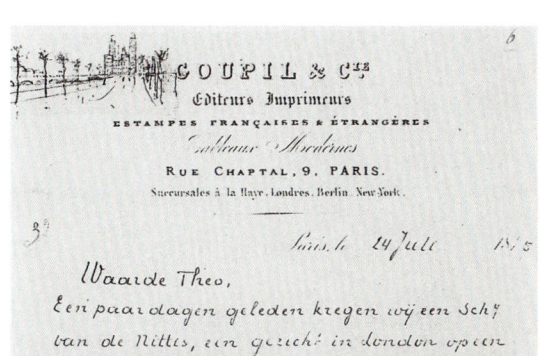

海克福德路之家（1873—1874）
作于伦敦
阿姆斯特丹，凡·高博物馆

皮特舍姆与特南格连的教堂
（1876年11月25日）
作于从艾尔沃斯写给弟弟提奥的信上
阿姆斯特丹，凡·高博物馆

阿姆斯特丹德鲁伊特尔码头（1885年10月）
阿姆斯特丹，凡·高博物馆

趣，总是垂头丧气，我们很难过……几乎像是他有意要选最难走的那条路一样。"果不其然，提奥多勒斯与安娜·凡·高的预见成真，文森特没能通过最后的课程考试。

这不意味着他就此气馁。他一意孤行，实践他深信不疑的被赋予的使命，决定搬到比利时南部的煤矿区博里纳日。煤炭是19世纪最重要的经济资源之一，而比利时是彼世纪后半叶最大的煤炭产地之一。不断的技术进步令其高强度挖掘得到可观的发展。与此相应的，是矿工们艰辛、危险的工作与其可悲的生存条件。文森特的意图在于为贫穷的矿工家庭带去安慰，跟他们一起生活，通过朗读和讲解《圣经》缓解他们每天的艰辛之感。1878年11月，这名满怀抱负的牧师在巴居哈兹住下，房东每月收取三十法郎租给他教堂路39号的一个房间，还是他父亲买的单。过了数周，于1879年年初，布鲁塞尔的福音教派给予他部分认可，暂时任命他为临近瓦姆镇的世俗牧师，每月报酬五十法郎。文森特似乎离他的目标不远了，但其"不平常"再一次让他的工作岌岌可危。事实上，文森特不加修辞地解读福音教派的准则,开始生活于赤贫中,全身心为他人服务。他拒绝生活在舒适的家中,搬到一处棚屋,就地而息,以面包与水为粮,赤足行走,身体受罪,将其所有物资捐赠有需之人,尽心尽力照料病患,遇到传染疾病如斑疹、伤寒病人也如是。除此以外,他那颗敏感的心也为矿工们在矿井中悲惨的生存状况深感不忿,正如在一封1879年从瓦姆寄给提奥的信中所述:"不久以前,我做了一次有趣的考察,在此处最古老、最危险的矿井之一马赫卡斯矿井下面待了六小时。这个矿井臭名远扬,因为很多人在返回地面或下矿时丧命,或者因为爆炸、有毒气体、渗水、山体滑坡而丢失性命。

"这个地方很阴暗,乍看之下压抑而不吉祥。几乎所有矿工都发着烧,外表疲倦憔悴,脸庞因辛劳而过分消瘦,显现跟实际年龄不符的老态。矿井有五个煤层,顶上的三层已然被挖空废置,不值得深挖,产出极低。一幅记录他们作业场所的画绝对会是前所未有。你可以想象一条低矮、相当狭窄、由木桩支撑的地道里的一排小室。在每间小室里,都有一位身穿粗糙罩衣的矿工,黝黑肮脏得像烟囱工一样,借着一盏小灯的微弱光线挖掘煤炭。在有些小室里能站着;在有些

马格斯之家(1879)
作于奎姆
华盛顿,国立美术馆

小室里就只能躺着……如斯条件令人不禁想到蜂房，或者地下牢狱的阴暗过道，或一排小织布机，不不，一排面包土炉……这些地道就如北布拉班特工厂上那些高耸的烟囱一般。有些位置少量渗水，矿灯的光线营造出一种奇怪的效果，就像映射在钟乳石洞穴中一样……装载的工作主要由小男孩们和小女孩们完成。在七百米深之处，有个类似马厩的地方，七匹老马把推车运到一处，然后它们被拉吊到地表。别的矿工修补老地道以防塌方，或在矿脉上挖新地道……文盲难以计数；这些人很无知，但敏捷快速地赶着他们艰辛的工作。他们是坦诚、勇敢的个体，个子虽小却粗壮，双眼眼神忧郁而眼眶深陷。他们工作量很大，要做很多事情。"

文森特对其使命的用心与过度热忱并不被其上级看好，他们决定不再聘用他。他不但没放弃，反而搬到奎姆，抱着复仇的心态继续他在博里纳日布道福音的工作。孤身与所有人作对，活在最彻底的穷困中，甚至失去与提奥通信的心里安慰。从 1879 年临近年末的几个月至 1880 年 7 月，兄弟俩停止通信。在他们重新联系时，文森特在他首封信中苦涩地回忆道："或许如你所知，我回了博里纳日。爸爸当时说要把我留在埃滕附近，我拒绝了，并相信这样的反应最合适不过。虽非我意，但我已成为家里无法打交道、疑心重的那位。"不过，在写下这些字句时，他作为牧师的篇章已永远完结，文森特准备追求另一职业，此番追逐为其最终的艺术家之路。

博里纳日煤矿区，位于比利时与法国交界处。

Belgio比利时；Wasmes瓦姆
Borinage博里纳日；Francia法国
——译者注

博里纳日地区瓦姆煤矿井

煤矿铲工（1879年7—8月）
作于奎姆
奥特洛，库勒–慕勒美术馆

在博里纳日
阿姆斯特丹，凡·高博物馆

矿工归来（1880年9月）
作于奎姆
奥特洛，库勒–慕勒美术馆

洛斯德伊嫩的农场（1883年8月）
作于海牙
乌德勒支，中央博物馆

农场与泥煤堆（1883）
阿姆斯特丹，凡·高博物馆

第二章
荷兰时期

绘画之选

凡·高选择艺术之路可谓出人意表，与其之前的履历并不一致，除了受聘于古皮尔公司的首份工作以及那段时期的兴趣，至少上一份饱受磨难的牧师工作就与此无关。仍像是一时兴起，在他于1880年做此新选择之时，已二十七岁，对要掌握一门并不适合所有人的职业来说已老大不小。在1883年12月写给提奥的信中，他这样解释这个迟来的抉择，当时其信念坚决："（在古皮尔工作）那段时间我自虐得厉害，无法成为一位画家的想法压得我喘不过气来。离开古皮尔后，我也没有投身艺术，而是做了别的事情（此举错上加错）；当时我感觉气馁，自己羞涩无比地想接近一些画家，却丝毫没被注意。"

文森特泄气地选择了传道之职，并在此路上奉献尽数年的热忱与精力。然而，在古皮尔的经历于其心、脑中烙下了对艺术的热情并且提升了他的品位。在那个基本上只有精英阶层才得以直接消费艺术作品的时代，巴黎的古皮尔公司及其分店通过制造、出售著名画作的复制品，由版画到照片，以令报价最高的艺术创作能被更多人所认识。文森特在为这享有盛誉的公司工作时，经手过数不胜数的复制品，其中有巴比松画派、乔瓦尼·波尔蒂尼、温特沃斯·米勒、梅索尼埃以及其他人的作品。在如斯环境中长时间逗留，与艺术打交道变得对他来说不仅仅是习惯，而是必需，跟阅读不相伯仲。在接下来的工作调动中，无论是在海牙，还是在伦敦、巴黎，他从未落下参观当地的博物馆。在此艺术事业"转折点"前与提奥的通信中，也少不了提到绘画大师们及其作品。比如在其博里纳日牧师经历之初，于1878年12月26日写给提奥的信。更为值得注意的是，尽管文森特当时全身心沉浸在其慰藉矿工的宗教使命中，但此地风貌还是激发了其艺术家潜能："我想也不必我跟你说在博里纳日这里没有画……话虽如此，这一带风光蛮别致、富有特色：一切都像是在与你对话，一切都有深意。最近在这些圣诞节前阴沉的日子里，大地被雪覆盖，让人不禁想到彼得·勃鲁盖尔的中世纪绘画，或那些懂得如此精妙绘出红绿、黑白特殊效果的画家的作品。马蒂斯·马里斯和阿尔布雷特·丢勒的画作无处不在。有些陈年小道，荆棘丛生，老树被奇幻的树根缠绕，令人联想到丢勒在《骑士、死神与魔鬼》中绘出的路。黄昏时分矿工们踏着白雪返家的画面真的是一番奇怪的景象。他们全身乌黑：从矿井上来时就像烟囱工一样。说是家，他们空间狭窄的住处倒不如被称作棚屋。这些棚屋散布于小路边、树林里和丘陵斜坡上。四处的屋顶披满苔藓，夜幕时分，窗户里透出友善之光。"

女性形象(仿霍尔拜因素描)(1880年10月)
作于奎姆

古皮尔公司海牙分店(19世纪末)

马蒂斯·马里斯
沃尔夫赫兹羊圈(约1860)
海牙,市立博物馆

朱尔·布勒东
召唤拾穗者（1860[1]）
巴黎，奥赛博物馆

---

[1] 此年份可能是原书错误，应为1859年。——译者注

让·弗郎索瓦·米勒
拾穗者（1848[1]）
巴黎，奥赛博物馆

从上述线索中可看出文森特正在养成的艺术特质，一组年轻时的小作品也可证明他很早就开始了素描（尤其是供职于伦敦古皮尔分店时期，1873 至 1875 年间），最早的两幅如《桥》与《奶杯》可追溯至 1862 年，于文森特九岁之龄。

素描正是凡·高重拾以逐渐抵达绘画艺术的方式。1880 年他再次有了很强的素描欲望，当时正值其身处矿工之间的博里纳日志愿工作时期，不被宗教当局认可也无报酬。"我胡乱涂抹了一幅素描，画的是一些煤矿工。早上，他们冒着雪，在一条旁边有荆棘篱笆的小路上向矿井走去，阴影流转，在黎明中依稀能辨。"同年 8 月 20 日他这样给提奥写道，并附上所说的素描。但是 9 月 24 日从奎姆寄给提奥的信件让人得以重见其决心全职重拾素描的时刻。文森特回忆起去年冬天的一个片段：当时他口袋里只有十法郎，徒步走了七十公里，越过法国边境，抵达库里耶尔，是为了参观他最喜欢的画家之一朱尔·布勒东的画室。回来时，"疲惫不堪，脚酸不已……也花光了我的十法郎"，他睡过不同的地方，"有一次在一节废弃的车厢里……有一次在一捆柴堆中……还有一次……在一个干草棚里"。他从未向艰苦的条件低头，克服困难的精神会是其人格中不变的一点，直到那致命的绝望情绪把他引向自尽而身亡。历经重重磨难，他开始相信作为艺术家的未来是有可能的："我跟自己说过：'不管怎么样，我会重头来过，再度拾起在无比气馁时

---

① 此年份可能是原书错误，应为1857年。——译者注

篱笆外（1884年春）
阿姆斯特丹，凡·高博物馆

搁置一旁的铅笔，重新开始画素描。'从那时起，似乎一切都起了变化，我已然在路上，我的铅笔变得更驯服了，并且每天都变得更驯服一点。"

从这时起，文森特开始充满信心且勤奋地进行素描，来自提奥的资金帮助也更加坚定了他的想法，弟弟从1880年7月开始每月寄钱给他，此后从未间断。1880年9月24日的信给凡·高的艺术学习期提供了宝贵的信息："我刚收到新的素描和蚀刻版画系列的画卷。特别喜欢杜比尼和鲁伊斯达尔的《小溪》这个系列。太好了！我有兴趣画两幅素描，一幅用乌贼墨，一幅用别的；一幅画自这幅蚀刻版画，另一幅则画自泰奥多尔·卢梭的《旷野之炉》。"文森特写道。在提到的艺术家中，杜比尼与卢梭属于巴比松画派——19世纪30年代中期出现的法国现实主义流派。此画派代表人物的作品是凡·高早期为学习对象之一。凡·高的画家养成基本靠自学，分析、临摹不同的复制品。如查尔斯·巴尔格的《素描课程》《炭笔画练习》，卡尔·罗伯特的《无师通素描》《伦敦画报》和《哈珀画报》等。后者对凡·高的影响不小。

为卑微之人作画

另一些对帮助理解凡·高艺术取向极为有用的段落依然可在1880年9月24日的信中找到。文森特写道:"煤矿工和纺织工仍属异类,没有什么东西把他们与工人、手工匠分隔开,我觉得跟他们很亲,如果有一天我能通过画他们而让从未或几乎从未被问津的他们被更多人认识,我会很开心。"

从以上被摘录的文字中可看到,这位荷兰艺术家早期创作中最为偏爱的人物显然是其处女素描作品中贫穷的矿工,而纺织工,连同农民,会是其艺术生涯最初很大部分素描、油画作品所描绘的对象。如果要指出其摄取灵感的参考对象,不得不重申19世纪法国现实主义画派作品的重要性,尤其是米勒(除了是油画家,还是伟大的素描家)与布勒东的社会艺术,其令人动容的平民题材是对最卑微阶层情感上的亲近与支持,且无政治或颠覆意图。这两位前辈深沉的宗

让·弗郎索瓦·米勒
纺纱女工(1876)

席凡宁根缝纫妇(1881年12月)
作于阿姆斯特丹
皮特·德波尔–奈莉·德波尔收藏

埃德温·巴克曼
无家可归（1876年12月30日）
载于《伦敦画报》

胡伯特·冯·赫科默
周日的农民（1875年10月9日）
载于《画报〈人民的头像〉》

席凡宁根推车妇（1883年5月）
作于海牙
奥特洛，库勒-慕勒博物馆

席凡宁根织衣妇（1881年12月）

教情感，对弱者的同情，对人和上帝的爱与文森特完美契合："那些伟大艺术家、真正大师的杰作中蕴含的最终字眼。"他于1880年7月给提奥写道，"是上帝。"凡·高的艺术似是源自道德意图，而非审美需要。

投身艺术，在某种意义上像是文森特在继续为卑微之人服务。也许正是这深厚的道德理念将其牧师工作与艺术工作联系在一起，为这两份如此不相关的职业间的转变提供合理的解释。除此以外，其艺术还有另外一个重要的特点：文森特的内心感受与其艺术创作相互融合，作品几乎成为其存活方式的一种延伸。当文森特坚信什么时，总会全身心投入，分不清想法与行动、内部与外部。正因如此，在其宗教工作中，他不分理想状态与现实生活，照字面去实践福音书的教义，就像在创作过程中他不分艺术与生活，无法从绘画中抽身一样。"对我来说，书籍、现实和艺术并无区别。"在1883年2月他这样写道。同一年夏天他继续写道："我想通过素描或油画给自己留下一点回忆，不为艺术之名，而是为了表达一份诚挚的作为人的感受。"说到这，法国画家米勒的生活方式以及那些赋予其艺术生命的理念不无重要性。或至少这是凡·高在读阿尔弗雷德·宋思尔写的《米勒

熏鱼场（1882年5月）
格罗宁根，格罗宁根博物馆

木匠的庭院与洗涤室（1882）
奥特洛，库勒–慕勒博物馆

负重者（1881）
作于布鲁塞尔
奥特洛，库勒-慕勒博物馆

传记》时所理想化的情景，当时正值其艺术生涯之初，他深深被打动。

他在油画上的签名，只是简简单单的"Vincent"（文森特），就如在其书信中一般，似乎画作与信件都是一种私密表达，直达其内心世界。

除了上述绘画大师，在文森特的艺术修养中，其博览的群书也很重要。文森特是有文化之人，一位顽固的读者。除其母语荷兰语，他对英语、法语和德语也得心应手，这也是对一位在一间国际艺术画廊如古皮尔公司工作家的要求。除《圣经》以外，他还喜爱左拉、托马斯·卡莱尔、雨果、狄更斯等作家的作品（比如凡·高艺术成熟期六幅题为《阿尔勒妇人》的肖像作品其中一幅，就从狄更斯的其中一本书《圣诞颂歌》以及从哈丽特·比彻·斯托的《汤姆叔叔的小屋》中摄取了灵感）：这些作家都极为"道德"，对贫困、卑微者的世界各有关注，正如具象艺术领域他深爱的米勒和布勒东一般。

1880年10月，在提奥经济上的大力支持下，文森特注册进入布鲁塞尔美术学院，通过正式教育来补充其

让·弗郎索瓦·米勒
奉告祈祷（1857—1859）
巴黎，奥赛博物馆

焚枯者（1883年7月初）

驳船与装载泥煤的二人（1883年10月）
作于德伦特

筋疲力竭（1881年夏天）
阿姆斯特丹
皮特·德波尔-奈莉·德波尔收藏

人之将死（1882年秋天）
阿姆斯特丹，凡·高博物馆

棚屋前劳作的农妇（1885）
芝加哥，艺术学院

站立裸女（1886）
阿姆斯特丹，凡·高博物馆

垃圾场（约1883年6月10日）
写给弟弟提奥信中的略图
阿姆斯特丹，凡·高博物馆

艺术学习。他于此阶段学习解剖学和透视法（1882年在一张丢勒的素描的基础上自制了一幅透视画框），在此学习阶段结识了画家安东·凡·拉帕德并在其工作室效力了一段时间。然而很快他就再次无法忍受学院派的学习，不久后他就给凡·拉帕德写信："学院是一位会禁止一段认真、更炽热和更多产的爱情在你心中苏醒的情人。离开这位情人并疯狂恋上你的真爱吧：大自然或现实。"

很快，文森特离开了布鲁塞尔，独自继续学习。1881年4月，他接受父母的提议，到他们在埃滕的家中生活。他在这里不眠不休地于户外画素描，忠诚于他的艺术道德和他喜爱的法国大师，描绘在田里劳作的农民。不幸的是，正如前文所述，他对表姐琪的热情没有得到回应并戏剧化地结束了他在此逗留的时光。被家中的争吵围攻，事情甚至发展到文森特一天晚上以蜡烛的火焰自焚其手以向所爱证明其感情的地步，幸运的是他烧的是左手。

此后的一幕糟糕透顶，父亲由于无法令儿子冷静下来而盛怒，于1881年的圣诞夜把他赶出家门。凡·高因此搬到海牙。他在这里来往的著名画家安东·莫夫，一位远房亲戚、母亲的堂妹夫，他在回到荷兰时就已经联系过。这位有名的大师，连同约翰内斯·博斯本、马里斯兄弟与约瑟夫·伊斯雷尔斯，是海牙画派的主要代表人物、19世纪后半叶荷兰最有代表性的艺术家群体。其绘画特点在于尝试融合巴比松画派的法国现实主义与荷兰17世纪的伟大现实主义传统。海牙画派的作品在技法与构图上跟巴比松画派的风景画有所区别，同时继承荷兰黄金世纪风景画的和谐与优雅，其中当数雅各布·范·鲁伊斯达尔的影响最深。

海牙周边沙丘之景（1883年8月）
阿姆斯特丹，凡·高博物馆

与莫夫的友谊促成了凡·高艺术之路的进一步演变。在他的指导下，文森特终于在1881年年底开始创作有色画，最初的两幅油画作品分别为《静物：木鞋、白菜与土豆》与《静物：啤酒杯与水果》。刚开始画有色画时，凡·高对使用画刷仍然很谨慎，还是以素描为主。"我希望你能明白为什么我仍坚持画素描，有两个原因，"1882年7月他给提奥写道，"首先因为我想以素描练手，其次是油画和水彩画开销太大了。"从其艺术生涯中接近1600幅的素描（不计画在信中的133处略图），可见凡·高对图形的重视。即使当他以后每天都画有色画、使用画刷游刃有余时，凡·高也没有放弃素描，并一直认为其艺术表达力不逊于有色画。他以不同技艺

安东·莫夫
自画像（约1884）
海牙，市立博物馆

艺术家——凡·高　39

犁田者（1884年8—9月）
伍珀塔尔，海德博物馆

画素描，其钢笔素描尤为出色。在其最初的有色画作中，凡·高主要画风景：特别是海边和郊区，这正是海牙画派的传统题材。不过此流派对其影响局限于绘画对象的选择，因为凡·高的作品并不精致，并无对细节的追求以及那些荷兰画家典型的理想化的画面。事实上，凡·高无法忍受莫夫及其同伴油画中对形式的追求与不计时间的精细。从一开始，凡·高就偏好强烈而非美观的画面，发自真实的情感，而非精挑细作。他的画面着重的是"情怀"而非技术。

因此，如果说凡·高所画的题材

夜幕秋景（1885年10—11月）
乌德勒支，中央博物馆

静物：木鞋、白菜与土豆（1881年12月）
奥特洛，库勒–慕勒博物馆

静物：葡萄、苹果、柠檬与梨（1887年秋天）
芝加哥，艺术学院

静物：碟中柠檬（1887年3—4月）
阿姆斯特丹，凡·高博物馆

瓶中剑兰（1886年夏末）
阿姆斯特丹，凡·高博物馆

瓶中鱼尾菊和其他花（1886年夏天）
渥太华，加拿大国家画廊

与海牙派通常所描绘的那些画作吻合，他对所呈现现实的感情让其画作流露着一份明显的宗教自然观——这也充盈着鲁伊斯达尔的画作类型。总的来说，和17世纪晚期的风景画相比，他的画不像风景画派的作品一样只透着冰冷的庄严感。凡·高创作时，全心投入其表现的对象，其情绪凝聚在画作中，并希望由画作本身来向看画者传递他本人作画时的所感。

凡·高与海牙画派绘画的关系问题于1885年4月他寄给弟弟的信中一目了然。文森特在信中写道："上个星期我在一位相识之人的家里看到一幅老妇头像的草图，真的很好，具有现实主义风格，是某位海牙画派直接或间接弟子的作品。不过在素描里和他的心里，有种犹豫，有种思想的狭隘……这症状有蔓延的危险。如果从呈现表面真实的角度去理解现实主义，那就是线条与色彩的准确度。但远不止于此。"在另一封于1885年11月15至20日间写给提奥的信中，他写道："由于四年来我完全一人工作，我想，就算我想而且我能向他人学习，甚至采用某个方便的技巧，我

静物：草帽（1885年9月）
奥特洛，库勒-慕勒博物馆

静物：五个瓶子（1884年11月）
维也纳，马厩堡新画廊

树林中的女孩（1882年8月）
奥特洛，库勒–慕勒博物馆

马车广场（1882年8月）
温特图尔，芙罗拉别墅

席凡宁根的暴风雨（局部）（1882年8月）
阿姆斯特丹，凡·高博物馆

在席凡宁根的海滩上（1882年9月）

安东·凡·拉帕德
泰尔斯海灵岛女子收容院（1884）
海牙，市立博物馆

还是会以自己的双眼来看事物，以原创的方式来再现它们。"

此外，1881年12月21日凡·高给弟弟写信讲述与莫夫的见面："当莫夫看到我画的草图时，马上跟我说：'您跟所画对象太近了。'"这个建议马上就说明了两个人看待绘画的方式不同。文森特无法适应以抽离眼光来看待所表现对象的规诫，这很快就造成了两个人关系不可修复的破裂。两位艺术家的不同观点在另一封1882年4月底文森特写给提奥的信中也得以确认："莫夫因为我说了'我是一位艺术家'这句话而感到被冒犯，我没有打算收回。很显然，这句话背后的意思是：'永远在追寻，从未抵达。'正好与'我知道，我找到了'相反。在我看来，这意味着：'我在寻找，我在抗争，我在为其耗尽所有精力。'"

一段丑闻

在海牙生活的时期不仅与凡·高的艺术之路相关,在其私人生活方面也有重大新闻。1882年1月,克拉熙娜·玛丽亚·霍尔尼克,别名熙恩,走进他的生活。她是一名年纪比他长的妓女,嗜酒成性,已有一女并怀着一个孩子。照其不顾世俗眼光、随时准备好帮助身边有需之人的风格,凡·高收留她和她的女儿在家中,并让她成为自己的伴侣和模特。在其最有名的素描之一中,那神情悲痛的人物已凋谢的身体正属熙恩。

"她的脸因天花而略有凹痕,不再美丽,但其身体线条很美,不失优雅。"文森特在1882年5月给提奥的信中这样描述她,"我喜欢的是她不跟我卖弄风骚,而是安静地进行。她很节俭,也充满适应环境和学习的

熙恩围炉而坐,拿着雪茄(1882)
奥特洛,库勒–慕勒博物馆

缝纫的熙恩与女儿（1883）
阿姆斯特丹，凡·高博物馆

削土豆的熙恩（1883年3月）
海牙，市立博物馆

抱着女儿的熙恩（1883年春天）
阿姆斯特丹，凡·高博物馆

意愿，好能以不同方式帮助我的工作……不过她的谈吐很糟……但我对此毫不在意。我宁愿她谈吐粗俗但对我好，而不是言语温文却毫无关心。"他甚至决定娶她为妻，这自然遭到了父母的反对。面对他们的不解，他一如既往地寻求提奥的认可："现在我没有再问他们的意见，我是成年人。我问你啊，我可以为自己做主，对不对？……我得听谁的话？谁又能逼我？想要阻止我的人都见鬼去吧。"

在另外一封中，他继续写道："提奥，现在我不觉得这样（帮助熙恩）是给家里丢脸，我希望我的家人能够接受她，不要什么都大惊小怪。不然的话我们会成为敌人，我会跟他们这样说：'我不会为谁抛弃这个女人，我们彼此帮助、尊敬，我对她有了感情。'"因此，他在1883年6月这样写道："比如爸爸说过：'与比你地位低的女人发生关系并不道德。'（这在我看来是错的，我不觉得社会等级跟道德有关系。）社会等级与世界相关，道德与上帝相关。此外：'不要为了一个女人牺牲你的社会地位。'当谈

悲伤（*Sorrow*）（1882年11月）
阿姆斯特丹，凡·高博物馆

纽南的小教堂（1884年1月）
阿姆斯特丹，凡·高博物馆

纽南的小教堂

用手纺车的妇人（1884年6月初）

纺织工（1884年3月）
波士顿，美术馆

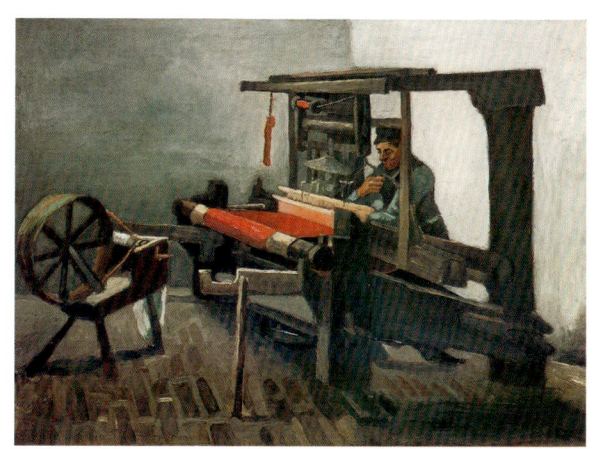

纺织工（1883年12月—1884年8月）
作于纽南
阿姆斯特丹，凡·高博物馆

艺术家——凡·高

种土豆的农民（1884年8—9月）
作于纽南
奥特洛，库勒－慕勒博物馆

及一条生命时，我不觉得这适用。"

只可惜，随着时间推移，加上熙恩儿子的出生，他们的生活越来越困难，因为凡·高的画卖不出去，他们四人唯一的收入就是提奥寄的钱。不顾持续的物资缺乏，文森特没有放弃相信其艺术工作并完成了不同作品。接近1883年年末，家庭负担变得再也无法承受。唯一没有离弃他的提奥说服了哥哥与熙恩分开并全心全意从事创作。由此开始了凡·高置身遥远荷兰北部德伦特地区的寂寞、苦涩的时光。此后于1883年12月，文森特重新回到父母家，这时他们住在纽南，也位于布拉班特北部。

他并不冀望重拾父母对自己的信任，反而开始感觉不被所有人理解，自己是异类、社会边缘人。"（爸爸和妈妈）他们害怕收留我在家中，就像害怕收留一条大野狗一样。"他在抵达纽南的同一月沮丧地写道："他也许会撒着湿漉漉的爪子在房间里乱窜，很粗野。他会让所有人都很烦，也会狂吠。总而言之，一只野兽。好，但这野兽有着他的故事，尽管只是一条狗，他有着一颗敏感的人心，他会因为别人对他的想法而难过，一条普通的狗不会这样。我，承认自己在某种意义上是一条狗，随他们便。"在父母家中逗留的两年，文森特疯狂作画以让自己不多想别的，完成了数百幅有色画与素描，甚至教画画、学钢琴，以及大量阅读。一组丰富的作品以农民与纺织工人为对象，他对工人阶层一直深感同情，正如他所喜爱的绘画、文学大师也歌颂过他们一般。

吃土豆的人（局部）（1883[1]）
奥特洛，库勒-慕勒美术馆

[1] 此画创作年份应为1885年，原书有误。——编者注

吃土豆的人（1885）
奥特洛，库勒-慕勒博物馆

一封信中的《吃土豆的人》（草图）（1885）
阿姆斯特丹，凡·高博物馆

吃土豆的人（版画）（1885年4月）
海牙，市立博物馆

从1883年画于海牙的《土豆采集者》开始，凡·高的早期有色画创作一直致力于表现卑微之人与其工作：重点聚焦在形象、场面的表达潜力上，色彩暗沉，以压抑灰暗的色调为主。

这个时期的杰作为1885年4至5月间画的《吃土豆的人》，描绘农民家中一个简单的家庭生活场景。那是他至彼时为止野心勃勃的作品。

在正式创作这幅作品前，凡·高画了一系列的素描——农民头像、室内、局部以及构图略图，这在此前从未发生，并与他的习惯相反，最后他在画室画下了它。

凡·高艺术生涯第一阶段的色彩运用与题材选择完美体现至此时为止他所热爱的绘画类型。在这些年里，他的有色画依然有明确的主调，采用荷兰大师的暗色调，而对卑微者世界的关注则源自上面提过的两位情感充沛的法国现实主义大师米勒与布勒东。事实上，凡·高自己学习绘画并

吃土豆的人（局部）（1885）
奥特洛，库勒-慕勒博物馆

年轻农民头像（1885）
阿姆斯特丹，凡·高博物馆

农妇头像（1885）
阿姆斯特丹，凡·高博物馆

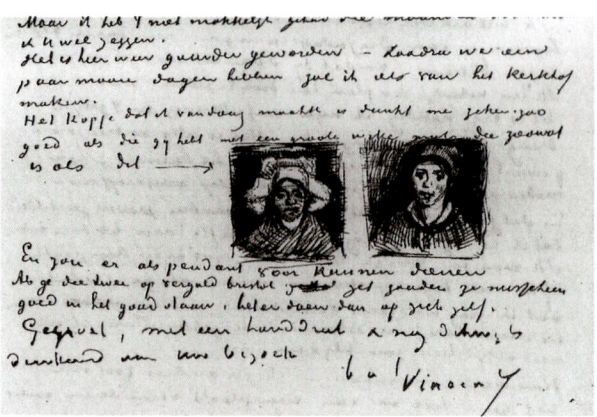

一封信中的农妇头像（草图）（1885）
阿姆斯特丹，凡·高博物馆

农妇头像（1885年3月）
伯尔尼，艺术博物馆

在雨中（1882）
海牙，市立博物馆

安特卫普景观（1885）
阿姆斯特丹，凡·高博物馆

煎饼磨坊〔局部〕（1886年秋天）
柏林，新国家美术馆

被局限在同时代艺术创作的一个侧面，不闻不问当时尤其在巴黎的沸腾事件与重大新闻。其创作第一阶段的作品忽视了那些年的先锋运动——印象派绘画。他知道印象派是因为提奥在信中提过，当时弟弟在法国巴黎的古皮尔总公司工作。提奥认为文森特使用的色彩过于灰暗，建议他把色彩调亮。从这时起，凡·高对色彩的兴趣渐浓，并于几年后在阿尔勒期间达到最高点。当时他对法国艺术家德拉克洛瓦无比仰慕，欣赏其所用的强烈、明亮色彩及其以表达为旨对色彩的运用。此效果，正如凡·高有机会在德拉克洛瓦所著的《绘图语法》中读到，源自其充满技巧的对反差与平衡的支配。

通过靠近补色与将不同色阶的纯色同系相配，德拉克洛瓦达到色彩的"视觉混合"与"震动"，增强色彩的效果与强度。这是文森特将永远铭记于心的一课，他曾多次明确表达了对这位"色彩大师"的诚服。

1885年11月底，在经历过同年3月父亲的猝逝与对其令一位给他做过模特的农民女子怀孕的诽谤后，文森特搬到安特卫普，重新开始接触正式的艺术圈子。他注册入读当地的美术学院，参观博物馆并为鲁本斯的作品倾倒。他用功学习，意在学习学校的高级课程，很显然，他与正式学业无缘，考试也告不利。不过他永远也不会知道这一点，因为与此同时，在其冲动个性的驱动下，他出发去了巴黎。对他来说，巴黎是唯一适合艺术家生活与工作的城市。

第三章
印象派大都会

在艺术中心

"未来好些年都取决于我累积的人脉,或在安特卫普这里,或迟点在巴黎。"1886年1月文森特从佛兰德城这样给提奥写道。他刚注册入读当地美术学院,意在坚持其艺术家之路。那"迟点在巴黎"实际上很快就变为现实:只一个月后,文森特就突然决定向法国首都出发。当时弟弟负责布索-瓦拉东艺术公司位于蒙马特19号的巴黎总店,其前身古皮尔公司从1879年10月开始长期雇用他。

"我得多赚点钱或多交点朋友,最好是两者皆成。这是通往成功的道路。"文森特在同一封信中继续说道。他再次兴致勃勃,想在艺术世界打响名号,甚至决定收起自己叛逆、内向的个性,并顺从地向成功法则低头。既然如此,为什么不赌上一切并选择最好的呢?当时,对踌躇满志的凡·高来说最好的无疑是巴黎,这个城市在那些年里是世界中心、懂得在空中抓紧机会与无尽诱惑之人的蹦床、科技与艺术研究的前哨。巴黎是未来的大都会,这里不久前才诞生了摄影,很

M. 杰哈旦
世界博览会:从特罗卡德罗公园看埃菲尔铁塔的建筑现状(1888)

红磨坊照片,拍摄于约1900年

快就会诞生电影。它是印象派的摇篮，革命了绘画方式；是规模难以置信的埃菲尔铁塔逐渐耸立并将颠覆过去城市景观之地；是不可错过的文化、社交活动的目的地，如世界博览会、沙龙展（正式的，以及新生的独立艺术家沙龙展），以及前卫画廊和艺术文学咖啡馆风靡一时的展览；还是感官之都，为其著名的夜店而傲，首当其冲的为凡·高抵达后三年开张的红磨坊莫属。

文森特于1886年2月28日抵达巴黎。不到最后一刻提奥也不知道哥哥的到来，直到在办公室收到哥哥邀请他于罗浮宫会面的便笺。提奥在自己家中接待他，先是在匹加勒区的拉瓦尔路（现为维克多·马斯路）附近的住所，然后从6月开始，于蒙马特区勒彼克路54号一间更大的公寓。

满怀希望，兄弟俩开始一起生活，表面上似乎只有益而无害：文森特不必再省吃俭用，也不用再如过去一般时常焦虑地等待提奥的每月补给，与此同时，一同管理开支也可减少不必要的浪费，对两个人都有利。此外，提奥的人脉以及来往巴黎的艺术圈子也会对凡·高艺术生涯的发展十分有利。然而刚到两年，这种生活就结束了。问题在于文森特的糟糕个性，他根本无法与别人相处，也包括深爱的

从蒙马特区看巴黎（1886年夏天）
巴塞尔，艺术博物馆

阿斯尼埃弗瓦耶·达庄松公园的情侣（1887年6—7月）
阿姆斯特丹，凡·高博物馆

弟弟在内。"就像在他的身体里住着两个人一样，"提奥困惑地说道，"一个才华横溢、无与伦比、温柔可亲，另一个自私而固执！"不幸的是，正因为在这两年间兄弟俩一起生活，显然不会相互写信，比起他们规律通信的时期，这段时间的事件比较难追溯。信件是了解凡·高生平最重要的渠道。

凡·高由1886年2月至1888年2月在法国巴黎生活。对其艺术来说是一段有决定性的时期——不屈不挠的技术实验以及与同时代最创新趋势的比较。从作品完成数目来看，也是极为多产的两年，230幅有色画，比他事业中的其他任何时期都要硕果累累。所涉及的是一组丰富的、吸收与混合不同风格与技巧的作品，通过它们，凡·高在追寻其个人风格——日后成熟时将充满个人特色。

在凡·高抵达法国首都巴黎时，当时的"潮流"之城在他眼中有着异常丰富的艺术氛围。19世纪末，巴黎的艺术、文化生活尤其活跃，其中一些事件有着重大意义。

譬如1886年就是特别重要的一年。在重要的事件中，有印象派团体

从文森特在勒彼克路的房间看巴黎（1887年春天）
阿姆斯特丹，凡·高博物馆

在拉菲特路举办的最后一次展览。印象主义是具象艺术领域19世纪后半叶最为原创的现象。印象派画家颠覆了传统的绘画方式，拒绝学院派主题与技法，将感觉置于艺术表现的核心，采纳一些根本原则，如"露天"作画，使用日常生活题材，以创新技法于画布上涂抹浅而明亮的色彩。这意味着将纯色以轻触涂抹开，使图画在观看者的眼中置于距离画作合适的距离，而非直接作于画布表面。

随着印象主义站稳脚跟，印象派首次展览于1874年在摄影师纳达尔位于卡布辛大道35号的巴黎工作室举行，绘画方式因此发生根本变化，印象派画家的发现也成为任何意欲绘画者不得不作的参考。但1886年的展览也因为另外一点而十分重要：修拉（带来《大碗岛的星期天下午》）与西涅克首次参加印象派团体的展览。在此世纪的最后二十年，这两位艺术家是新印象主义的倡导者。此画派为"老"印象主义带来进一步演变，将其技法引向极致。在赋予此新画派的众多名称中，以"点彩派"最能清晰解释新印象派画家的绘画方式，也就是在画布上接连"点"满纯色点。然而，修拉与西涅克在19世纪末巴黎艺术领域的重要性还有一个原因，他们于1884年创立了独立艺术家沙龙展——与正式沙龙展相对的绘画新趋势的橱窗。

说回1886年，这还是让·莫雷亚斯写成《象征主义宣言》的年份。《费加罗报》将其刊于专栏中，这位诗人定义此新流派为"艺术创新精神的当下趋势"。象征主义的兴起是为对从19世纪中开始垄断文学与具象艺术的现实主义、自然主义审美的回应。后者在福楼拜与左拉的小说中、库尔贝与米勒的画作中达到最高成就，然后变调为印象派"现实主义"。作为世纪末占绝对优势的趋势之一，象征主义影响了整个法国的文化全景。与自然主义者相反，象征主义在解读现实时超越客观现实，将其看作神秘、未知与超然的可视表现。"象征主义诗与训诫、雄辩以及客观描述为敌，试图以易被感知的形式去展现想法，尽管如此，不以形式为目的，形式为想法服务并作其补充。"莫雷亚斯这样补充道。象征主义，无论在文学还是绘画方面，以其根本的理想化为特征。象征主义绘画先锋们的作品完整地见证了这一点：毕维·德·夏凡纳、居斯塔夫·莫罗——此时期关键小说于斯曼的《逆天》主人公所喜爱的"莎乐美画家"，以及奥迪隆·雷东。在这些先驱的画作中，象征主义艺术的智力、精神层面表现在题材选择上，文学、哲学、神话与梦幻题材在画布中变为富有寓意的图像与华丽的奇幻、预言性化身。由此随后发展到保罗·高更的"综合主义"以及纳比派绘画，后文会提到。

除了上述提及的重大事件，1886年还因为两条新闻而值得被铭记。第一条有关之前提过的埃菲尔铁塔的修建，地基于这一年

乔治·修拉
大碗岛的星期天下午（1884—1886）
芝加哥，艺术学院

被奠下，三年后为了 1889 年的世界博览会而落成，正适法国大革命百年庆。这座著名的铁塔对那个时代来说属于未来派建筑，标志性地反映了技术新发现实际应用的可能。富有意味的是，设计它的并非一位建筑师，而是一位工程师——居斯塔夫·埃菲尔。铁材，作为现代建筑的标志之一，通过精密的计算，被用以建造全塔。

第二条新闻则为，1885 至 1886 年冬天，年轻的西格蒙德·弗洛伊德在法国首都上著名神经学家、萨彼里埃医院主任让·马丁·夏尔科的课。在巴黎逗留的时光对这位心理分析之父的理论形成起了决定性作用，此后不久他将以其学说颠覆传统的心理机理与人类行为认知，也会对 19 世纪艺术未来的发展产生重要影响。

除了 1886 年，很多因素拼凑成凡·高所进入的复杂的 19 世纪末巴黎艺术景象。其中，首先要提到的是日本版画，后文会详细讲到。它们于 19 世纪末前卫艺术圈子很受欢迎，也深刻影响了这位荷兰画家的绘画。另外一个重要的现象就是摄影的兴起，其由达盖尔在 1839 年于巴黎公布于世，在世纪末被极大完善。这项新发明无疑提出了新的看现实的方式，艺术家们也不得不承认这一点，并将与卢米埃尔兄弟在此世纪最后几年呈现于世的电影一起，深刻地颠覆图像世界。

一些艺术家个体的经历也不容忽视，如塞尚自主创出一套个人绘画语言并对20世纪初的前卫绘画有着决定性作用，再如"尖子生"图卢兹·罗特列克，尤其在设计领域达到原创、重要的成就。于这些不同艺术家正在推敲的创新想法外，忘记学院艺术在19世纪末对巴黎的持续贡献实为大错特错。事实上，正式艺术，按照定义保守而与创新为敌，在世纪末的艺术创作中扮演毫不边缘的角色。沙龙展作为向来卓越的正式展览空间，仍为此时期最重要的艺术、社会盛事。学院派画家的所有活动围绕着沙龙展进行，这些所谓的"华丽艺术"画家，有博纳尔、柯罗蒙、杰洛姆、卡巴内尔、布格罗与梅索尼埃，等等。由1881年开始举办的法兰西艺术家沙龙展成为正式艺术的参照指标与上流社会人群的聚集地。

很显然，空前现象如印象主义让学院派画家也不得不侧目。但新流派对这些艺术家的影响只局限于表面和外部。他们仅对新趋势作了小规模让步，好让自己的伟大"行当"得以见光。令人瞩目的"潮流"画作数目无疑只为迎合其中产阶级观众骨子里的因循守旧，实为换汤不换药与虚假的时代"触觉"。不过对很多消费者来说，这是那些年"真正的"现代绘画。以巴斯蒂昂·勒帕热（于1884年去世）为例，以及此后一些幸运画家如埃勒、乔治·博蒂尼及乔瓦尼·波尔蒂尼的艺术似属此类。其中，迁居巴黎的意大利艺术家波尔蒂尼为当时中产阶级的肖像画家，优雅精细但墨守成规。

最后要为19世纪末巴黎艺术全景补充的一点是正在兴起的新艺术运动。尽管此新风格从凡·高辞世那一年开始才站稳脚跟，即1890年，然而随即产生极大影响，一直至第一次世界大战的爆发（所谓的黄金时代）。除了在具象艺术领域，新艺术运动尤其在建筑、室内装饰以及应用艺术上得到发展。超越艺术与工业间的界限为此风格最核心的成果之一，最著名的代表人物为穆夏、吉玛德、加利与拉里科。新艺术运动以其独有特色迅速蔓延至全欧洲，在法国为花卉图案最受欢迎，以突出、纤细的抽象线条为基础，灵感源于自然、动物或奇幻的形态。

转　变

在凡·高抵达巴黎时，正如前文说过，只模糊知道新流派印象主义。他对法国艺术的认知以及他仰慕的对象主要停留在现实主义，尤其是米勒那情感充沛的平民主义，凡·高对此无比赞赏。如今，直接接触光之城的文化生活，他得以跟先锋趋势面对面，也开始了一段对其艺术生涯有着根本意义的成长过程。刚到巴黎时，凡·高出入于一位已成名学院派画家的工作室，这位画家就是此前提到过的费尔南·柯罗蒙。此事件值得留心并不因为文森特从这位著名大师那学到了什么，其实他并不在乎传统意义上的技艺提高，而因为在柯罗蒙工作室他有机会认识其他人，其中有：图卢兹·罗特列克、路易·昂克丹，尤其是十分年轻的埃米尔·贝尔纳，当时十八岁，并已成为他一位亲密、忠诚的朋友。在弟弟提奥的帮助下，这位荷兰画家认识了印象主义、新印象主义一些最著名的代表人物，这是他两年在巴黎时光中最有决定性的会面：克劳德·莫奈、卡米耶·毕沙罗（与他及其儿子卢西恩成为朋友）、阿尔弗莱德·西斯莱、皮埃尔·奥古斯特·雷诺阿与正崭露头角的保罗·西涅克（与其一同在露天作画）和乔治·修拉。

慢慢地，凡·高的调色盘在发生变化，逐渐变浅，其描绘对象也变得丰富起来，现在他也画具有典型印象派题材的画：城市环境中的当代生活点滴，或城郊开阔空间光线充沛的氛围。从一系列静物花卉（头几幅画的是向日葵）作品中与1887年的景观作品中，可以看出文森特从标志其此前荷兰时期绘画并依然留存于其巴黎早期创作中，向印象主义与新印象主义靠拢，尽管部分而被动。譬如《阿斯尼埃之桥》，一幅于印象派绘画标志性地点取景的作品，其他标志性地点还有布吉瓦尔、沙图与阿让特伊。文森特如印象派画家一般，通常在贝尔纳与西涅克的陪伴下，到河岸上露天作画。

露天作画令其进一步加深与色彩的关系："在阿斯尼埃画画，我看到的颜色比之前都要多。"他这样写道。在这段时间，他集中精力研究色彩：如今能够让色彩拥有自己的生命，不必像在此前较为现实派的时期一样，主要以它们作描述之用。通过借鉴印象派画家，他笔下的色彩变得越来越浅，而且发亮，并逐渐发展为下个创作阶段的黄色、蔚蓝色大爆炸以及暴力相互冲突的色调。

阿斯尼埃之桥（1887年夏天）
苏黎世，比尔勒基金会

人鱼餐厅（1887年夏天）
巴黎，奥赛博物馆

餐厅内部（1887年6—7月）
奥特洛，库勒-慕勒博物馆

克里希大道（1887年2—3月）
阿姆斯特丹，凡·高博物馆

克里希大道（局部）
（1887年2—3月）
阿姆斯特丹，凡·高博物馆

阿道夫·蒙蒂切利
瓶中花（约1875）
阿姆斯特丹，凡·高博物馆

戴深色毛毡帽的自画像（1886年春天）
阿姆斯特丹，凡·高博物馆

叼烟斗的自画像（1886年上半年）
阿姆斯特丹，凡·高博物馆

自画像（1887年秋天）
巴黎，奥赛博物馆

自画像（局部）（1887）
巴黎，奥赛博物馆

戴草帽的自画像（1887年夏天）
阿姆斯特丹，凡·高博物馆

画架前的凡·高（1888年初）
阿姆斯特丹，凡·高博物馆

文森特对印象派与点彩派在题材与技法上的致敬可在巴黎阶段一些富有意义的画作中得到确认：城市景观如《克里希大道》《人鱼餐厅》、极多的自画像（以《画架前的自画像》最为有名）和布面油画《餐厅内部》。

比起之前，文森特实现了一次充满天分的飞跃，其智力、才能、意愿及坚韧可见一斑。此转变由点滴积累而成，缓慢而不停歇，笔触逐渐变得轻柔，色调转变为印象派画家的清澈明亮色调。不过印象派并非其新阶段之初的唯一参考。文森特艺术演变的相当一部分要归功当初对一位画家的模仿与试图超越，一位无论当时还是现在都很少人认识、凡·高却很仰慕的画家：来自马赛的阿道夫·蒙蒂切利。

这位艺术家于文森特抵达巴黎不久前辞世，凡·高兄弟俩都很欣赏其色彩缤纷的静物画。除了为所供职公司，提奥也为自己的私人收藏抢得一些他的作品。正是通过模仿与研究蒙蒂切利多彩的花束，文森特开始向颜色打开心房，尽管交流与学习印象派画家最终决定了其对浅色的选择与对其他印象派基本原则的采纳：从采用纯色、分割色调，到露天作画——

戴草帽的自画像（1887年夏天）
底特律，艺术博物馆

戴灰色毛毡帽的自画像（1887—1888年冬天）
阿姆斯特丹，凡·高博物馆

自画像（1889年9月）
奥斯陆，国家画廊

自画像（1889年9月）
巴黎，奥赛博物馆

自画像（1889年8月末）
华盛顿，国家艺术画廊

自画像（局部）
（1887—1888年秋天）
巴黎，奥赛博物馆

为了抓住描绘对象在光线变化与震动中的印象,到补色的运用以及笔触的断裂。凡·高与印象派、点彩派绘画规则的接触在巴黎期间达到顶峰。不过文森特从未接受修拉与西涅克所提倡的为系统、自觉应用最新光学发现而按照其棱镜分解将色彩重新倒在画布上的做法。文森特总保持自己解读事物的方式,充分利用从印象派与新印象派大师身上学到的,并对未来的艺术时常有着绝佳直觉。

在这位荷兰画家抵达巴黎时,仍在心中保持其对米勒与现实派绘画的崇拜,发现与出入于当时前卫流派中最成功的流派对他的艺术来说是一场真真正正的革命。此外,正如前面所指出,这不仅涉及技艺,还涉及心理。文森特改变了对自己以及对自己在同时代艺术全景中的角色的感知:事实上,现在的他也感觉自己是先锋实验的一分子;很可能因为这份自觉,他开始渴望一间"南部工作室",在那里与别的像他一样的艺术家一起说说对艺术的新想法,并按照他所相信艺术的责任以及他从未遗下的福音与平民主义理想,慰藉人心。

克劳德·莫奈
干草扎(1890—1891年夏末)
芝加哥,艺术学院

托斯卡
为维克多里安·萨尔杜执导、莎拉·贝恩哈特演绎歌剧的海报（1899）

莫里斯·丹尼斯
缪斯（1893）
巴黎，奥赛博物馆

居斯塔夫·莫罗
现身（约1876）
巴黎，莫罗博物馆

皮埃尔·奥古斯特·雷诺阿
蛙塘（1869）
斯德哥尔摩，国家博物馆

克劳德·莫奈
蛙塘（1869）
纽约，大都会博物馆

发现日本版画

　　除了印象主义以外,当时大家还普遍发自肺腑地喜爱日本版画浮世绘。浮世绘于17世纪初诞生于日本,此流派于19世纪上半叶在艺术家如葛饰北斋、喜多川歌磨与歌川广重的发展下达到鼎盛时期。对这些基本上同时代的日本版画着迷的印象派画家与其他艺术家欣赏其大片平面单色块的欢快色彩、作画的干脆、罕见的构图分割与创新的空间组织,这些元素一同构成的表达方式对西方学院艺术典型的模仿原则来说前所未见。在文森特抵达巴黎时,莫奈与其同伴已崇拜日本版画多时。"日本风"[①]一词,于1876年被法国记者菲力普·布尔蒂无意间创出,可见日本版画在不断获得成功,并注定于1880至1890十年间直到世纪末、当其传播不局限于巴黎的艺术文化圈子而变得全球化时,达到其最高

[①] 意大利语为giapponismo,英语为japonism。
——译者注

蒙马特区的菜圃(1887年6—7月)
阿姆斯特丹,凡·高博物馆

蒙马特区的菜圃：蒙马特高地（1887年6—7月）
阿姆斯特丹，市立博物馆

发展阶段，有关日本艺术的展览与出版物、专营"日本趣味"的商店与以东方为灵感的夜店倍增。比如1887年在巴黎举行的第十八届装饰艺术中央联盟展览，其条目里的日本艺术作品十分丰富；再如同年所出版的皮埃尔·洛蒂的小说《菊子夫人》（凡·高也很熟悉）；还有专著，接近印象派画家的评论家提奥多尔·杜赫的《日本艺术》（1884年），以及爱德蒙·德·龚古尔关于喜多川歌麿（1891年）与葛饰北斋（1896年）的专著；主题杂志如《艺术日本》，发行于1888年至1891年；日本风格的夜店如蒙马特区的日本座，是90年代的热门聚集地，图卢兹·罗特列克后来为其画的一张海报很有名；最后，贩卖日本版画与物品的商店，比如萨穆尔·宾的店，其四间分店之一就在蒙马特区勒彼克路，离文森特的公寓很近，事实上他总孜孜不倦地前往。

对日本与其艺术运动的热情不仅在法国，在其他欧洲国家亦如是，比如英国或意大利（一个著名"日本风"例子为普契尼1904年的歌剧《蝴蝶夫人》）。此般"日本趣味"不仅源自异国风情的魅力，更源自对一

亨利·德·图卢兹·罗特列克
日本座酒馆（1893）（海报）

日本趣味：艺伎（仿溪齐英泉）（1887年9—10月）
阿姆斯特丹，凡·高博物馆

罗伯特·德·孟德斯鸠（1897）
巴黎，奥赛博物馆

威廉·阿道夫·布格罗
沐浴女子（1884）
芝加哥，艺术学院

个认识很浅或完全不认识此国家的好奇，这可追溯到日本多世纪以来的闭关锁国。只是最近，在日本与美国于1854年签订《神奈川条约》后，其港口才对外国人重新开放。此条约为日本之后与其他欧洲国家的合作开了路，因而1867年的巴黎世界博览会就已有了日本馆，其所展出的手工制品与各类物品让法国得以认识这门还未被知的艺术的美。

文森特对日本版画的兴趣最早可在从安特卫普寄给提奥的信中看出，比如在1885年11月这封中他说道："我已经沿着码头往每个方向走过。这是一个无法破解的迷宫。德·龚古尔说过：'永远日本趣味。'那码头就是无与伦比的'日本趣味'，奇幻、特别、从所未见，至少我们可以这样想。我希望跟你一起到那儿走走，只是为了知道我们看到的是否一样。在那他们画什么都行：城市景观，各种形象；船舶晋升主角，海水与天空为一种微妙的灰色，尤其是日本趣味。我想说的是，那些形象总在运动当中，所处环境说有多怪就有多怪，一切都无与伦比，总少不了有趣的反差。"

很显然，一抵达巴黎，在这日本版画盛极一时之地，他对喜爱的浮世绘大师的木版画如鱼得水，自在畅游并觅食。在巴黎期间，文森特与弟弟提奥一同贪婪地收集日本版画，也充分利用了当时尤其是不甚有名大师的次等版画价格不高这一点，不过文森特也同样欣赏。这位艺术家收集了数百幅木版画，其中十二幅是歌川广重的作品。不过在其生命中，从狭义方面来说（尽管有待争议），他只临摹过三幅日本原画（两幅歌川广重的作品，一幅溪斋英泉的版画）。他相当自由地完成了它们，并不志在刻板复制原画，这属其一贯做法。这不是文森特唯一崇拜的流派，他也无意强迫性地完美还原它。

正如一些边角破损、现藏于阿姆斯特丹的版画可以佐证，这位荷兰艺术家当年有盯着安特卫普、巴黎以及阿尔勒家中墙上版画看的习惯。

日本版画也被凡·高画进一些他的作品里，作为其对一些原作的致敬。此为两幅肖像画《唐吉老爹》的例子，一幅于1887年完成，藏于巴黎罗丹博物馆，另一幅于1887至1888年间完成，归属雅典的尼阿乔斯收藏。在两幅油画中，背景都布满浮世绘，其

唐吉老爹（整体与局部）
（1887年秋天）
巴黎，罗丹博物馆

唐吉老爹（整体与局部）
（1887—1888年冬天）

中一些被辨认出属歌川广重、歌川国贞与溪斋英泉的作品。

　　唐吉老爹是一位拥护巴黎公社的老者，一位艺术爱好者，在巴黎克洛泽尔路有一间颜料与艺术物品店。几乎总是身无分文的先锋艺术家会来这儿，唐吉老爹作为朋友为其提供作画所需，收取几幅油画作为回报。老唐吉的场地不能成为新一辈的展览空间，这些不遭艺术画廊待见的作品只好被展出在所能找到的最佳地点。比如蒙马特区克里希大道上的铃鼓咖啡馆就是另一前卫艺术家出入的多用途场地。在1887年，凡·高于此组织了一个日本版画展览，展出自己和弟弟的收藏。铃鼓咖啡馆由意大利女子阿戈斯蒂娜·塞加托里所运营，她曾为德加的模特，很可能跟文森特有过短暂的关系。在一幅于1887年2至3月间所完成的献给她的肖像画中，阿戈斯蒂娜坐在其咖啡馆的一张桌旁（桌板形态为铃鼓，正是咖啡馆之名），在其身后墙上可分辨出一系列作品，也许正是文森特与提奥的日本版画，就像背景中唯一足够清晰的细节——阿戈斯蒂娜也很可能是1887年12月的《意大利女子》画中人，并肯定是凡·高十一幅裸体油画的模特。

阿戈斯蒂娜·塞加托里于铃鼓咖啡馆（1887年2—3月）
阿姆斯特丹，凡·高博物馆

意大利女子（阿戈斯蒂娜·塞加托里）(1887年12月)
巴黎，奥赛博物馆

于巴黎时，文森特在社交生活中前所未有地活跃，日后不复如此。如在铃鼓咖啡馆那次的展览，以及在共同聚集地与画家朋友们锲而不舍的接触，为其生命里在社交中最为活跃与参加最多艺术活动的时刻。1887年11月，凡·高为一个新展览做宣传。此番并非日本版画，而是自己最近的作品，以及同样被忽视的前卫画家朋友的作品，其中有贝尔纳·布菲、昂克丹与图卢兹·罗特列克。这一回，展览在克里希大街43号一间大众餐厅——大肉汤-小木屋餐厅举行。参展者，时常身处位置各异，不志在作为一个统一团结的团体出现，只想简单推广一门仍然边缘、具有断裂性的艺术。凡·高为自己与同伴所取的名字也说明了这一点——"小林荫道印象派画家"，"老"印象派团体中最成功的艺术家则被凡·高称为"大林荫道印象派画家"，他们如今主要在林荫大道的优雅画廊（其中包括布索-瓦拉东）中展出其作品。在大肉汤的展览主要由一百幅凡·高的油画组成，一直展出至12月，并未取得任何成功。

实际上，在这些谦逊、失败的创举外，凡·高在酝酿一个野心很大的梦想：参照古老的兄弟会，建立一个艺术家共同体，一群朋友在一起和睦生活、工作。这位荷兰艺术家多番提起此梦想，在他与提奥重拾的通信中可见。当高更到文森特的住所兼工作室——著名的黄色之家与他一同生活和工作时，他渴望确凿地践行此计划。

与此同时，他眼中所看到的现实与众不同。在巴黎，生活主要由竞争与压力组成。"为了出人头地，需要充满野心，而野心对我来说显得如此荒唐。"他写道。他的画卖不出去，别人也帮不上忙，也无法改善与提奥的关系，他也许期待弟弟给予不同的支持。矛盾于1887年越积越深。这让文森特易怒而沮丧，置身户外并且天气好时他才感到愉快，在冬季天气恶劣的数月他也照样待在外面。他糟糕的个性与其特立独行的念头常把他推至争议与冲突的风口浪尖。"跟文森特一起生活几乎无法忍受，"最后提奥在一封信中这样跟妹妹薇荷明妮发泄道，"没有人能来我家，因为文森特动不动就跟所有人吵架。此外，他是如此没条理，我们家不再配得上被称为家。我希望他到别处去住。他有时会说起，但如果我逼他走，这足够成为他待着不走的理由。"似乎还不够，文森特在巴黎养成了一些坏习惯，滥用烟酒，尤其是有害的苦艾酒（后文会说到），有人把其精神障碍归咎于苦艾酒中毒。最终，这个城市对他来说变得再也无法忍受。"我想到南部某处避世，为了不用见那么多画家，作为人他们令我反胃。"他跟弟弟吐露道。再次跟从自己冲动的本性，他果然这样做了。1888年2月，凡·高向普罗旺斯出发，投身炎热的阿尔勒。

第四章
普罗旺斯艳阳

光之寻获

"这里的大自然美得超乎寻常。"文森特从阿尔勒给提奥的信中写道。为了逃避巴黎令人压抑的雾,凡·高循着光的路径抵达了法国南部。在普罗旺斯清朗的天空下,他的艺术得以再次如桥梁般连通其内心与外部世界:重拾的心中阳光正是照进他心房的普罗旺斯艳阳,化身闪耀的色彩,填满其画作,抵达这片荷兰画家宣称在那些城区中所找到的"黄色高音"。

事实上,凡·高抵达阿尔勒时正值寒冬,甚至有雪。但普罗旺斯的色彩与光线深深地触动了他,将他与这片土地联系在一起,就像在塞尚、雷诺阿或其他决定到此生活或逗留一段时间的艺术家身上发生的一样。

提奥每月寄二百五十法郎给哥哥,以供他生活与工作。文森特试图回报他,如他从 1884 年就已开始这样做一般,给他寄自己的画作,以及给他频繁写信。一如既往,他写给提奥的信件里满是有关其心理、情感状态的清晰自我分析,与涉及其作品创作过程的丰富信息。

普罗旺斯的收割者(整体与局部)(1888年夏天)
耶路撒冷,以色列博物馆

普罗旺斯的草扎（整体与局部）（1888年夏天）
奥特洛，库勒-慕勒博物馆

拉克罗的丰收，以蒙马筑为背景（1888年6月）
阿姆斯特丹，凡·高博物馆

阿尔勒的拉马丁广场,背景为黄色之家

雪景,以阿尔勒为背景(1888年2月)
阿姆斯特丹,凡·高博物馆

阿尔勒餐厅内部(1888年8月)
凡·高为此住处画的同名画作
阿姆斯特丹,凡·高博物馆

刚抵达阿尔勒时，文森特在位于骑兵路 30 号的卡赫勒旅馆下榻。从 5 月初开始，每月支付十五法郎，租下城外拉马丁广场上一栋建筑里的四个房间，这就是著名的黄色之家，于第二次世界大战期间被毁。时间久了，凡·高希望能在其住所接待一群艺术家，作为一个能经历时间考验，对未来艺术家有帮助的南部工作室。"你知道吗？我总觉得画家独居的主意很蠢。离群索居总容易迷失。"文森特在 1888 年 6 月初给提奥写道。他在次月说："我也知道我想保持这个冬天我们谈及一个艺术家协会时的观点。"

他在等把房间收拾好时，暂时将它们用作工作室与仓库，睡在拉马丁广场 10 号火车站咖啡馆的一个房间。在这里，他成为老板——吉诺夫妇的朋友。几乎顺理成章，走进其生活的人，也会走进其艺术。于是，吉诺夫人为他不同版本的《阿尔勒妇人》做过模特。与他成为朋友的另一

约瑟夫·鲁林肖像画（整体与局部）
（1888 年 8 月）
波士顿，美术馆

约瑟夫·鲁林于其晚年

艺术家——凡·高　113

摇摇篮的鲁林夫人（奥古斯·鲁林）
（整体与局部）（1889年1月）
纽约，大都会博物馆

人——邮差鲁林，一位老无政府主义者，性格开朗，被艺术家描述为"一个留着大胡子的男人，就像苏格拉底"，也永远活在了不同肖像画中，他的妻子亦如是，也被画在五个不同版本的《摇摇篮的鲁林夫人》里。

文森特在阿尔勒逗留的十五个月里，画了超过两百幅作品，其中一些十分有名。而在最开始的作品中，有开花的果园系列。也许正在苏醒的大自然对凡·高来说隐喻其自身在南部阳光中的苏醒。在那些春天的日子里，他给贝尔纳写道："这里的风景对我来说似乎跟日本一样美，因为其清澈的氛围与欢快的色彩。水道在景色中形成美丽翠绿与雍容蓝色印记，有如日本绉纱。日落橘黄微弱的光线给地面披上蓝色晚装。阳光黄而耀眼。"

那些开花的果树参照自日本版画，不同版本的《朗格卢瓦桥》亦如是，令人想到歌川广重画中的一些景观。在阿尔勒的其他创作中也能找到

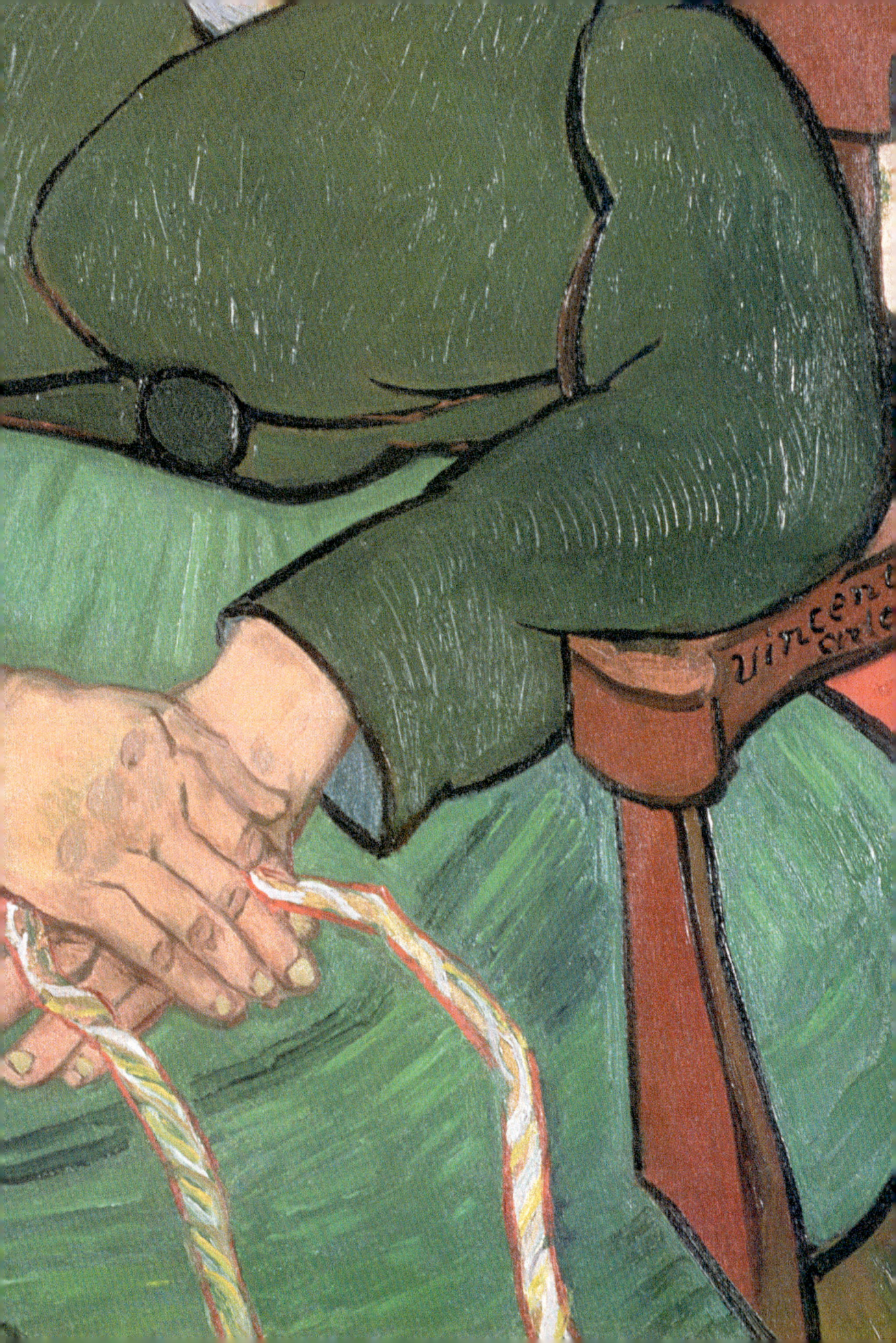

摇摇篮的鲁林夫人（奥古斯·鲁林）（1889年1月）
奥特洛，库勒-慕勒博物馆

摇摇篮的鲁林夫人（奥古斯·鲁林）（1889年1月）
芝加哥，艺术学院

保罗·西涅克
无政府主义者费利克斯·费农肖像
（1890）
纽约，现代艺术博物馆（MoMA）
布面油画，73.5cm × 92.5cm；
大卫·洛克菲勒夫妇部分赠品；
编号Acc. n.: 85.1991。

阿尔勒公园开花的栗子树道
（1889年4月）

朗格卢瓦桥（1888年5月）
科隆，瓦尔拉夫·里夏茨博物馆

20世纪的朗格卢瓦桥

歌川广重
大桥骤雨（1857）
来自《名所江户百景》

朗格卢瓦桥（整体与局部）（1888年3月）

歌川广重
龟户天神社内（1857）
来自《名所江户百景》

歌川广重
花园中开花的李树（1857）
作于龟户
来自《名所江户百景》

这些令人不禁联想到日本木版画的题材，而从技术层面来说，对此东方风格的模仿也很明显，巴黎时期的印象派、新印象派被抛在身后。不过，印象主义对凡·高的影响仍在其浅色调与"露天"作画中可见；不应忘记，在1888年7月从阿尔勒写给弟弟的信中，凡·高将印象派的油画作品称为"法式日本画"，由此可见日本浮世绘与印象派大师画作之间的紧密关系。

因此，这位荷兰艺术家阿尔勒时期油画中的色彩前所未有地明亮，熠熠生辉，达到一种特别的亮度，尤其是黄色，以其强烈、暴力的色调支配着他阿尔勒时期的调色盘，正如在油画《向日葵》中可见，似是一把从所描绘对象自身挣脱的熊熊火焰。保罗·高更于1888年年末在文森特家住了两个月，在一篇1894年载于《自由艺术散文》的文章中回忆凡·高对黄色发自肺腑的爱："铬黄色从其画

日本趣味：开花的李树（仿歌川广重）
（1887年9—10月）
阿姆斯特丹，凡·高博物馆

开花的果园与柏树（1888年4月）
奥特洛，库勒–慕勒博物馆

果园中开花的杏树（1888年3月）
阿姆斯特丹，凡·高博物馆

布喷涌而出，将卡马格地区的农舍与整个平原覆盖在阳光中……在我的黄色房间里，有着紫色眼睛的向日葵在黄色的背景中尤为抢眼。它们沐浴在一个黄色水罐里，于一张黄色桌子上。在画的一角，他签下：Vincent（文森特）。黄色的阳光穿过我房间里的黄色窗帘，发散金黄，我在早上醒来时，呼吸着它的芬芳。没错，那荷兰画家文森特深爱黄色，太阳的光辉重新温暖了他的灵魂，他有着对雾的恐惧。他需要温暖。"

他也继续在户外作画，正如前文所述，这是凡·高一贯的做法：哪怕风掀翻画架，扬起沙砾。不仅如此，为了深夜在外作画，他想出了一个聪明但也危险的办法：在帽檐与画架上固定点燃的蜡烛。有些人认为，他的夜间画如《深夜咖啡馆外部》与《罗讷河上的星夜》，均于1888年9月完成，归于其最引人联想作品之列，足以证明黑夜可以多么明亮与多彩。星星在深夜有如太阳一般，围绕它们的光晕耀眼得像宝石的光辉。文森特眼中的星星正是如此璀璨，就像镶嵌在夜空拱门的珠宝一样。"我沿着大海在了无人烟的沙滩上走了一夜，"他于1888年6月在卡马格地区的圣马迪拉莫短暂停留时给提奥写道，"在（天空）蔚蓝色的背景上，

开花的桃树（1888年4—5月）
阿姆斯特丹，凡·高博物馆

圣马迪拉莫的小路（1888年6月）
阿姆斯特丹，凡·高博物馆

深夜咖啡馆外部（整体与局部）
（1888年9月）
奥特洛，库勒–慕勒博物馆

闪耀着明亮的绿色、黄色、白色、亮粉红色的星星，比我们在巴黎看到的宝石——猫眼石、翡翠、天青石、红宝石和蓝宝石都耀眼。"星星对他来说代表一个无法实现的梦，一个只有通过死亡方可抵达的地方："星星总让我做梦，就像地图上代表城市与乡村的小黑点让我浮想联翩一样。为什么，我跟自己说，天空中那些亮点要比法国地图上的黑点难以抵达？如果我们可以乘火车去塔拉斯孔或鲁昂，那么我们可以通过死亡抵达星星。"一个月后他给弟弟写信道，以如斯诗意总结其观察。

如果说印象主义在其阿尔勒画作中仍留有痕迹，那么日本版画，如前面所提，在凡·高的进一步艺术演变与其个人、独特风格的定型中占据了主要角色。

"我羡慕日本人，羡慕他们所拥有的一切极为明亮，"这位艺术家在1888年9月给弟弟的信中写道，"没有什么是无聊的，没有什么像是赶进度完成的。他们的画作简单如呼吸，以有把握的寥寥数笔就可创造一个形象，就像扣上马甲纽扣一样简单。"

在阿尔勒，文森特彻底摈弃了印象派、新印象派绘画的一些根本的技术原则。于巴黎试验的轻柔笔触、小点或点彩不见了踪影，连同彩色阴影与在视觉上有着精致亮度的明亮色调，都不见了踪影。

"新"文森特的笔触厚、快、大而呈波浪状。色彩欢快、饱满、暴力而相互反差，却不至所绘对象失真；故意违背自然主义——象征派、野兽派与表现派将在此路上走得更远。

日本版画的影响从现在开始再明显不过：耀眼的纯色、靠近补色以更为凸显它们（红色在绿色旁，黄色与橙色接近蓝色）、周边的黑色标记、多彩的大色块、对传统透视法的重新考虑。一如既往，这不是简单的临摹，而是效仿、二度构思与重新演绎。正如此前所观察，凡·高以其从浮世绘中所学描绘阿尔勒的景色，但应需求做出调整，不原样复制日本风格。比如，文森特试图通过越发可见的笔触与越发变厚的重复线条来让日本大师所教的大片平色区逐渐"动"起来，于画布上指引并交替平行笔触、水平或垂直线条组，由重笔触填满（并非新印象派的点彩法）的波浪状色条、阿拉伯式图案以及时而令人目眩的旋涡。这些特点特别在这位艺术家于阿尔勒开始有神经错乱症状后的作品中尤为明显，例如其油画中扭曲的橄榄树或燃烧的柏树，很多人把这归咎于他多变、混乱的头脑。这不无道理，或至少毋庸置疑的是，这位艺术家极为敏感的心让其看世界的双眼与众不同。此外，过度的重复线条似乎为精准研究与技术实验的成果，从其阿尔勒的作品开始，可觉察出他细致分析过日本浮世绘的画图。正是通过画图，为创作过程的根本，（可见均于1888年夏天完成的《胡宾杜华运河上的洗衣妇》与《刺棘蓟花园》），文森特练习日本大师的画图技

胡宾杜华运河上的洗衣妇
（约1888年7月17日）
作于阿尔勒
奥特洛，库勒–慕勒博物馆

巧（尤其是葛饰北斋，凡·高认识其十五本《北斋漫画》，即"自由绘画"），打磨出一套个人语言，在其画作中作表达用途，达到极高的活力与张力。由1888至1890年间作品中愈发紧密的图形节奏可见证这一点：以一系列井井有条的"标志"重复并从不同方向扫过所画表面，选择绘画对象如草场或麦场并突出草簇与麦穗有节奏的连续感。

文森特重新演绎日本版画风格的个人方式的特点，与作画方式有关。

农舍（1885）
阿姆斯特丹，凡·高博物馆

茅草农舍（1890年6月）
巴黎，奥赛博物馆

阿尔勒的舞厅（1888年12月）
巴黎，奥赛博物馆

橄榄树林（1889年11月）
哥德堡，艺术博物馆

花园(1888年7月)
作于阿尔勒
温特图尔，奥斯卡·莱茵哈特博物馆

由田野看阿尔勒（1888年8月6—8日）
作于阿尔勒
洛杉矶，盖蒂艺术中心

蒙马筑的橄榄树（1888年7月）
图尔奈，美术馆

凡·高不画日本木版画中优雅、严谨的图，而常常以大概的方式去完成，几近懒散。这也是他想要、计算过的效果。要理解其因由，得说说文森特的艺术理念，其绘画目的。从一开始，凡·高就希望他的艺术富含情感与道德（尤其在最初，他的绘画几乎是福音语句的视觉对应），他志在创造情感冲击的画面，赋予描绘对象表达力，或者说，"揭示它"。这可以很好解释为什么凡·高无法认同本质上志在颂扬视觉原则与所呈现对象光学效果的印象派绘画。凡·高想超越彼层面，意图通过形式与色彩的特殊运用——他所追寻的语言来沟通情绪。说到这，两封寄给提奥的信中蕴含充满启发性的段落。第一封于1885年7月寄自纽南，彼时文森特已拒绝学院派的"漂亮风格"概念，并附上一幅自相矛盾的例图来证明完美、表面上还原现实的做法事实上是背道而驰，正如他给弟弟写道，因为"如果给一位铲工拍照，照片中肯定看不到铲的动作。"用别的话来说，虽然他总是选择描绘现实对象，凡·高认为以反学院派的风格能更好沟通与尊重情感现实。第二封于1888年8月寄自阿尔勒，这位荷兰艺术家在信中自觉地跟印象派画家保持距离，谈到色彩亮度与对其使用："我觉得我在巴黎所学到的都丢了，而是重新找回在认识印象派画家之前于乡下所有过的主意。如果他们对我的作画方式指指点点，说我受德拉克洛瓦启发比受他们多，我丝毫不会感到奇怪。比起准确地还原我的眼前所见，我随心所欲地差遣色彩以强烈地表达自我。无论如何，我们不管理论，我想给你举个例子，好让你明白我想说什么。假设我想给一位艺术家朋友画肖像画，他怀抱梦想，以唱歌为业，就像夜莺一样，因为这是他的本性。假设他一头金发，而我想把自己对他的尊重和爱画进画里，因而一开始我会原原本本地画他，尽量忠实。但这幅画不会这样被结束，我会肆意涂抹色彩来完成它。我会让他的头发变得夸张，使用橙色、铬黄，或淡柠檬色。在他的头后面，比起画上可悲的公寓墙壁，我会画上永恒，用我所能得到的最丰富、最强烈的蓝色画上一个简单的背景。"

凡·高故意让其主观成为画作的

一部分。文森特无意将其主观视觉理论化作绘画必不可少、编设好的先决条件:而把它作为个人创作过程中不可或缺的需要。于是,他的绘画语言由其情绪与感觉写就。"我在一个触动我的地方坐下,架起白画板,"于1882年他已给提奥这样写道,"看着眼前所见,我跟自己说:'这空白画板应该要变成点什么。'我不满意地回家,把它放在一边,休息片刻后,我再次看着它,带着些许恐惧。我还是不满意,因为脑中那个非凡的场景还是太过清晰,无法让我对自己所画出来的东西满意。我觉得在我的工作中,在深处,回响着那些触动我的事物。我看见大自然跟我说了点什么,就把它速记下来。"

亨利·米勒在其1949年的小说《情欲之网》中对凡·高的绘画意图做了一些敏锐的观察。这位美国作家说道:"我说到过凡·高,当时在读他的信。在放下超过二十年后,我重读了它们。让我着迷的是他对过艺术家生活的强烈渴望,只作为艺术家,不计任何代价。对有其绘画才能之人,艺术化身宗教。基督为信徒而死,继而重生。充满热情的文森特以对色彩神迹般地使用解放世界。被唾弃的做梦人再次代表受难悲剧。他从坟墓爬起来,为了战胜不忠者……我希望做到,凡·高说,凡是能见之人都能清楚看到我画中的内容。耶稣的生命正是如此。但聋哑之人总在我们当中。只有怀抱珍贵、圣洁灵魂之人可以听见,可以看见,可以做到。我们知道,凡·高很长一段时间都避免使用色彩,逼迫自己以铅笔、炭笔与钢笔作画。我们知道,他从研究人体形象开始,试图从大自然中学习。是的,他藏身贝壳里。与贫困者与卑微之人、被压迫的工作者、被遗弃之人交往。喜爱并赞颂农民而不是有文化之人。研究万物形态与其触感。熟悉普通日常的一切,好待日后有了必要的灵巧与技术,让稀松平常的世界沐浴在神圣实在的光芒中。凡·高的渴望是让人们以新的方式熟悉这过分熟悉的世界:以永存的方式。他想说明,这个世界从无恶意丑陋,从不黑暗沉闷,只需以爱的双眼便可辨认其辉煌与壮丽。"

与高更的友谊

　　1888年10月对凡·高在阿尔勒生活的时期有着不同寻常的意义。23日是高更抵达的日子，文森特此前已多番邀请他到黄色之家来客居。凡·高将其视作与之建立已渴望多时的南部工作室的理想同伴。

　　文森特于1887年11月在巴黎与高更相识，也许正是在提奥的画廊。当时弟弟跟从自己的直觉，试图在布索－瓦拉东的传统客人中推广当代绘画的新趋势、印象派画家与高更也在其列的新先锋流派画家。高更刚从马提尼卡回来，在寻找自己的艺术方向，经济状况很糟糕。文森特诚挚地欣赏其油画，肯定也被其相似处境打动。除此之外，高更大胆、阳刚的气魄在他眼中正是领头人的不二人选。但让他感觉高更与自己尤其相似的，是两个人都把艺术家一职放在首位，为此这个位法国艺术家之前放弃了在银行的工作以及家庭。还有，高更对遥远、有异国情调之地以至原始、让人得以新生之地的情结，也与凡·高将法国南部视作其个人与其艺术重生之

高更的椅子（空椅）（1888年12月）
阿姆斯特丹，凡·高博物馆

凡·高的椅子与烟斗（整体与局部）
（1888年12月）
伦敦，国家美术馆

地的主观投射完美契合。不过直到目前为止，两位艺术家的道路还没相遇：凡·高在1888年初搬到阿尔勒，高更则第二次前往布列塔尼地区的阿凡桥。这两位朋友保持密集的通信，在信中文森特反复邀请高更到他的黄色之家。提奥·凡·高也以调解人的身份参与了协商。终于在距离第一次邀请的五个月后，通过免掉其心头对经济、身体的顾虑，提奥成功说服了高更：如果他去阿尔勒跟文森特一起生活，提奥愿意承担交通与他在黄色之家停留期间的开支，只要是在其能力范围之内（值得一提的是，这时提奥收到了一笔遗赠，来自7月过世的有名的森伯伯）。作为回报，高更给他寄一些自己的画作。提奥在促进高更与哥哥合作关系的同时，也在资助一项商业运作，还可以让文森特感到没那么孤单。

为了朋友的到来，文森特在9月做了一系列准备工作。"昨天我给家里添置了家具，"于9月10日他给弟弟写道，"我买了一张核桃木床，和一张别人给我的白木床，迟点我会给它上漆……为了接待某人，会有世界上最精致的房间，我会让它尽量漂亮，就像一间充满艺术感的闺房。至于我的卧室，我想它极为简单，不过配上方形大家具：床、椅子、桌子，全都是白木做的；在底楼是工作室，和另一间房间一样为工作室，不过同时也是厨房……家里，照我说啊，要从低到高挂满画……我真的想把它布置成艺术家的家，但不豪华，没有任何豪华之物；但一切，从椅子到画，都有特点。"

文森特给自己在阿尔勒的房间画了著名的三幅画，第一幅完成于1888年10月，其余两幅均为次年完成。以下为艺术家仍在构思阶段时是如何给弟弟描述第一幅画的："我在脑中有个新主意，这就是略图。依然是 $30cm \times 30cm$ 的画布。这回是我的卧室，不过全部要靠色彩，通过简化使它变得更有风格，而且要让人想到休息，或总的来说让人有倦意。反正看到这幅画，脑袋、想象力可以得到休息。墙壁为淡紫色，地板铺红色方砖，床板和椅子为亮奶油黄，床单和枕头为很亮眼的柠檬绿，被子为猩红色，窗户是绿色的。厕所的桌子为橙色，洗脸盆是蓝色，门是紫色的，没有一处，这房间里没有一处的百叶窗是关上的。方形的家具可以增强彻底放松的感觉。在门口的墙上，有一面镜子、一条毛巾和一些衣服。"

在这凡·高少有的无人室内画中，颜色为结构性、支撑性的元素。他将惯用的补色组合——绿色与红色、紫罗兰色与黄色、橙色与蓝色，以油画刀在大片色区用上"平色，但抹得很粗，并不涂开色彩"，正如艺术家自己所说。总体效果是与传统规则相反的空间感，凡·高应该会感到满意，他也意识到此效果与之前的巴黎经历距离遥远。"技术上让我显得更简单和更有活力。再无小点，再无阴影，都不再有，只有统一和谐的色彩。"他高兴地评论道。

高更的抵达令凡·高欣喜若狂，满是跟朋友合作的期待。两个人都相信能通过一同工作取得积极的成果，因而合作的意愿在高更1903年的文章《此前此后》里一览无遗。当他在多年后回忆起在这个南部城市的第一天时说道："我抵达阿尔勒时已快天亮，在一间深夜咖啡馆里等待黎明……不早也不晚地，我去叫醒文森特。收拾妥当，尽兴地聊天、漫步欣赏阿尔勒的美，这一天就这样过去了……从次日开始，我们就已经投入工作。"

画家启程去作画（1888年7月被毁）

南部工作室

随着高更的到来，南部工作室之梦似乎终于开始成形。正如之前所述，文森特想建立一个兄弟会般的协会，有如艺术家的最后的"晚餐"：大家住在同一处，一起工作与生活，在艺术上、经济上相互帮助。如今，这位荷兰画家心中的主意不像只是当初的想法，而更像是不同灵感的结合。这当中有耶稣的门徒、19世纪拉斐尔前派画家群体、中世纪兄弟会与日本艺术家群体，最后这一来自异国的灵感，无疑是其最主要的参考。一个可看出其对十二门徒致敬的细节为，他给黄色之家买了十二把椅子，这不太可能是一个偶然的数字，而是充满了象征意味。十二，也象征性地把文森特与拉斐尔前派画家联系在了一起（不知何原因，与他们的实际人数不符，因为他们不是十二人）。至于协会的类修道院特点，文森特在1888年8月中给提奥的信里这样解释道："几乎像修道士或隐士一样生活，以工作为最大乐趣，放弃享受……画家要不被当作疯子，就被当作有钱人。一杯牛奶价格一法郎，一条面包两法郎，而画作并不卖得出去。这就是为什么要集合在一起，就如古老的修道士一般。"因为对日本浮世绘发自肺腑的喜爱，文森特对日本艺术家群体趋之若鹜。不过，需要特别指出一点，凡·高对此群体的认识建基于想象，对日本及其文化作了"神秘"解读，而非通过确凿的研究了解，这与当时西方的共同想象吻合。与凡·高同时代之人实际上并不了解日本的历史、文化特征。总的来说，日本有着其原始的魅力，保存了其简单与未被污染的纯净。正是这一理想化的图画让凡·高相信日本艺术家间并无诡计、嫉妒，而不像令其反胃的巴黎艺术圈子与那些印象派画家。在于1888年7月给贝尔纳的信中他写道："他们为所有这些充满灾难后果的内战所倾注的热情完全可以有更好的用处。"因而，这位荷兰艺术家置身阿尔勒周边农田，得以找到平和，看到浮世绘大师所画风景中的色彩与氛围。

凡·高设想任命高更为南部工作室的带头人——"院长"，这一名称也再次反映协会的兄弟会性质。在等待朋友时，文森特在给他的房间里挂上一些向日葵油画；有人认为，这不只是为了以花的炽热黄色来让房间明亮起来，也是为了向客人致敬，暗示自己为向日葵、高更为太

瓶中十二朵向日葵（1888年8月）
慕尼黑，新画廊

瓶中十五朵向日葵（1888年8月）
阿姆斯特丹，凡·高博物馆

阳的师徒关系。此外，向日葵还象征，为了共同的追求，工作室的成员肩并肩地前进。

除了自己与高更，凡·高还希望另外两位同伴也加入工作室，之前高更去布列塔尼大区拜访的就是他们：查尔斯·拉瓦尔与埃米尔·贝尔纳。为此，像是要给条约盖章，南部工作室的四位成员互相交换了自画像：富

有意味的是，自画像中的凡·高头发几乎被剃光，就像日本和尚，艺术家本人也承认有作参照。至于协会的地点，很明显是黄色之家。它在阿尔勒城外的位置也有象征意味：城市的入口代表进入法国南部的入口，也是工作室的"先锋"们正在打磨的新绘画流派的入口。黄色之家也会如灯塔一般，指引后继者去追寻勇敢的前辈的

足迹。

如果凡·高最后没有不幸梦碎的话，弟弟提奥也会成为南部工作室重要的一分子。提奥会负责这项事业的经济、商业问题，"生意"问题，正如文森特于1888年9月所写信中的一段可作见证："我的想法是建立并且留下一个后来者也可以在那生活的工作室。我不知道自己有没有表达清楚，换句话来说，我们（我和你）从事的这门艺术、生意，不仅存在于我们的时间，我们之后的人也可以继续它……现在如果我们在南部的入口建立一个工作室或避难所，并不是个坏主意……如果别人说离巴黎太远了，随他们去吧，是他们的损失。"

瓶中十五朵向日葵（1888年8月）（局部）
阿姆斯特丹，凡·高博物馆

瓶中三朵向日葵（1888年8月）

查尔斯·拉瓦尔
自画像：献给凡·高（1888年11月1日）
阿姆斯特丹，凡·高博物馆

埃米尔·贝尔纳
自画像：伴高更肖像画，献给凡·高
（1888年9月末）
阿姆斯特丹，凡·高博物馆

保罗·高更
自画像：伴贝尔纳肖像画（悲惨世界）献给凡·高
（1888）
阿姆斯特丹，凡·高博物馆

自画像：献给拉瓦尔（1888年12月）

自画像：献给高更（1888年9月）
剑桥（马萨诸塞州），福格艺术博物馆

保罗·高更
自画像：献给拉瓦尔（1888）
华盛顿，国家艺术画廊

轻步兵中尉保罗·尤金·米利耶肖像画
（1888年9月）
奥特洛，库勒–慕勒博物馆

保罗·高更
画向日葵的文森特·凡·高
（1888）
阿姆斯特丹，凡·高博物馆

阿尔勒的拉马丁广场，背景为黄色之家

黄色之家在第二次世界大战的轰炸中被毁

黄色之家的共同生活

凡·高与高更在黄色之家一起生活了两个月（准确来说是六十三天）。一同工作让两个人均创作了数目显著的油画，其中很多都十分出色（有时描绘同一对象，比如凡·高与高更都以吉诺夫人为模特的同名油画《阿尔勒妇人》）。

一开始，共同生活在一起让二人愉快而多产，二人频密交换彼此想法并勤奋作画，此后两个人的关系开始走下坡路，直至破裂。冲突部分来源文森特与高更相反的个性：前者焦虑而无条理，后者自信而缜密。高更在《此前此后》中写道："我们两个人，他和我，一人是火山，另一人也沸腾，不过是向内的；无可避免地，某种冲突正在酝酿的过程中。有次我突然对无处不在的混乱感到很不舒服：颜料

黄色之家（1888年9月）
阿姆斯特丹，凡·高博物馆

保罗·高更
阿尔勒咖啡馆（吉诺夫人）（1888年11月）
莫斯科，普希金博物馆

阿尔勒妇人（吉诺夫人持书）（1888—1889）
纽约，大都会博物馆

保罗·高更
布道后的幻象（1888）
爱丁堡，苏格兰国家画廊

盒全被压扁，有点合不上。除了混乱，在他的画和他的话语中也有点什么让我不舒服……很快我就发现我们的账目也同样一片混乱。"

但分开这两位朋友的原因是对艺术及其目的的不同想法。这根本的差异最初被蒙蔽了，因为两个人均认为新印象主义无法满足自己的目标并意图打破其困局，此外，因为两个人有着一些共同的兴趣，比如日本版画。

在这一点上，两个人表面上认同同一语言，比如有意反自然主义地随心使用纯色（每人方式不同），来表达各自的世界观。不过到一定份儿上，两个人开始感觉出对彼此想法的不兼容，其实双方对打破新印象主义的意图与办法毫无共同点。

在来到阿尔勒不久前，高更画下了对其艺术演变有着极为重要的意义的一幅画：《布道后的幻象》。这幅画创新的构思与风格有着象征主义原型与新绘画象征主义宣言的价值，根本上继承前辈莫罗、雷东、毕维·德·夏凡纳的道路，不过他提出一套先锋语言，成为象征主义新生代艺术家眼中毋庸置疑的大师，受保罗·塞律西埃、波纳尔、维亚尔、丹尼斯、瓦洛东与纳比派团体其他人的赞颂。《布道后的幻象》完成于高更最近一次在阿凡桥的逗留，他在那与两位年轻画家昂克丹和贝尔纳发展一套新的绘画理念——"综合主义"。据其想法，与印象主义与新印象主义的理念相反，画作应凭记忆而生，重新思考现实并"揭示"事物本质，而不是将所绘对象放在眼底，只画出其表面，"科学地"复制其光学现实。此技术与风格发展为"景泰蓝式画法"，为二维绘画，在统一的色区平涂反自然主义的色彩，色区由明显的黑线勾边。正如凡·高的风格一般，此风格受了日本版画的影响，也受了另外一

埃滕花园的记忆（散步在阿尔勒） (1888)
圣彼得堡，艾尔米塔什博物馆

保罗·高更
阿尔勒妇人们（密斯脱拉风）（1888）
芝加哥，艺术学院

些启发，如中世纪的玻璃窗，铅条镶嵌的玻璃窗启发了象征主义中黑色勾边的形象。

正如每种象征主义，高更的做法主要为智力型。这是凡·高还没准备好采纳的方式。凡·高的方法其实基本上忠于现实派绘画的原则，表现实在、非想象的对象，以及忠于印象派绘画"反映现实"的创作。凡·高当时无法凭记忆作画，他想画出所见并充分发挥其表达力，放大被观察对象所沟通的情绪并以最大的情感冲击将它传递给看画者。此外，高更的风格也与凡·高不同。高更不喜欢文森特厚重、具表达性的笔触，认为太过简略，厌恶其"粗糙"外观，就像厌恶朋友粗略、不完整的作画方式一样，并在给贝尔纳的一封信中不加掩饰地写上负面评价。而这些特点正组成了凡·高的风格并给予其力量。迟早两个人的关系都会因为艺术、个性上的分歧而走下坡路。

然而，凡·高还是尽可能迁就朋友，尝试接纳其观点，画象征主义作品。比其他任何画作都更能看出文森特向高更的象征主义方向努力的，很

阿尔勒的房间（1888年10月）
阿姆斯特丹，凡·高博物馆

阿尔勒的房间（1889年9月）
芝加哥，艺术学院

阿尔勒的房间（整体与局部）（1889年9月）
巴黎，奥赛博物馆

可能为《埃滕花园的记忆（散步在阿尔勒）》。在这里，凡·高试图通过回忆与过去的素描"凭记忆"作画。但这位荷兰艺术家很难适应"升华"与抽象之路。对文森特来说，此绘画方式过于刻意。

更为容易的是在其画作中加入象征成分。不同作品都可供证明，其中有全于1888年完成、之前也提到过的《阿尔勒深夜咖啡馆》与《阿尔勒的房间》或《日落播种者》，如艺术家自己所说，补色的反差与线条的夸张有象征意味。因而，譬如"让人想到休息"，或"总的来说让人有倦意"，如此前所见，是文森特在创作《阿尔勒的房间》时尝试启发的感觉。

至于《阿尔勒深夜咖啡馆》，他给提奥透露道："我尝试了以红色和绿色来表达这些可怕的伤痛……这是一场挣扎，我给空荡荡、悲伤的房间用上各种绿色和红色，给睡觉的小流氓用上紫罗兰色和蓝色。"可怕的伤痛，文森特继续就咖啡馆说道："这是一个会毁灭自我、发疯和犯罪的地方……

阿尔勒深夜咖啡馆（整体与局部）（1888年9月）
纽黑文，耶鲁大学艺术画廊

播种者（1882）
阿姆斯特丹，皮特·德波尔–奈莉·德波尔收藏

让·弗郎索瓦·米勒
播种者（1850）
波士顿，美术馆

日落播种者（1888）
阿姆斯特丹，凡·高博物馆

日落中的麦田与播种者（1888年6月）
奥特洛，库勒–慕勒博物馆

我尝试了表达一间小酒馆的黑暗力量。"在《日落播种者》中，描绘对象（源自米勒）本身也具象征意味，播种者为凡·高最喜爱以及在其作品中最常出现的描绘对象之一。事实上，凡·高在播种者的形象中看到自己，在其身上投射自己作为艺术家的努力与辛酸，正如播种者为丰收而付出艰辛的劳动；他也将其看作播撒希望之人：由种子生出萌芽，阳光让其成长，象征之意正在于此。

在色彩的象征性运用中，黄色占了一席之地，于文森特在阿尔勒的调色盘中最受宠爱，让人联想到太阳而象征着生命与精神涅槃。正是这震动的黄色在画布上照亮了黄色之家，填满了广阔的成熟麦田，并在著名的《向日葵》系列——真正的"黄色主题变奏曲"中增强其象征强度。向日葵因为其随太阳而转的特点，并不只是被文森特，而是普遍并总被用作暗喻。正是这绚烂的黄色，代表了阿尔勒与法国南部。

另一幅文森特完全凭记忆完成的作品，正如高更所敦促的一样，为无人不知的《罗讷河上的星夜》。凡·高于1889年6月创作了它，在因其精神不稳而愈发频繁的发作后，凡·高被关在圣雷米，当时与高更的破裂已过去。如画中可见，有些人认为当中的旋涡线条源自此时期折磨凡·高的神经错乱，令人痛苦的混乱伴随激烈的图形也能在同时期其他油画中找到踪影，如之前提到过的由痉挛扭曲的橄榄树与有着被磨折体态的柏树占据的作品。对这些画作的心理学解读并不排除凡·高当时正尽其所能试图以象征派原则绘画的可能性。

可为此确认的，有与弟弟的通信，文森特之前已"画了一幅橄榄树风景画，和一幅星月夜的草图"；这被他自己定义为本质上的风格练习，"在构图的角度来看是夸张手法"，即以典型的象征主义绘画方式完成。如今有人指出，这份对高更关注的迹象表明凡·高不想被当时的前卫流派象征主义孤立。一些写给提奥的字句不禁让人考虑，甚至有这位荷兰艺术家希望加入（历史并未如此书写）高更与贝尔纳所举办展览的可能性，后两者逢世界博览会在1889年6至10月于巴黎佛尔比尼咖啡馆举办画展。

凡·高也尝试了以象征派方式画肖像画。《摇摇篮的鲁林夫人》为其中一清晰例子，在一幅此前临场略图的基础上凭记忆画下，由1888年12月至1889年3月间文森特一共画了五幅（有意思的是，他想让提奥各赠一幅给高更与贝尔纳）。于此幅肖像

罗讷河上的星夜（1888年9月）
巴黎，奥赛博物馆

画里，凡·高画的是其朋友阿尔勒邮差之妻，鲁林夫人在作品中被塑造为懂得照顾与慰藉的母亲原型。如标题所示，鲁林夫人手中应牵着摇篮的绳子，动作应温柔摇动摇篮让孩子感觉安稳与舒适。文森特在一封信中这样写道："我有了为水手们画一幅画的主意，他们既是孩子也是烈士；在船舱中看见此画，有如重回母亲的摇篮，再度聆听到那些摇篮曲。"选择水手作为此画的主人公并非偶然，尽管背叛了这肖像画的文学灵感源泉，皮埃尔·洛蒂（此前提到过的《菊子夫人》的作者）的小说《冰岛渔夫》，一本无论是凡·高还是高更都读过并十分赞赏的小说。

对其象征主义的局限与矛盾，凡·高似乎完全自觉。在1890年1月，文森特对艾博·奥里叶于《法兰西信使》上所发表文章《孤立之人：文森特·凡·高》的反应就富有代表性，年轻评论家在文章里终于给予其艺术应得的认可。此著名杂志拥护象征主义，奥里叶在其字句里兴奋地谈到凡·高，将其定位为象征派画家——拥有一颗"异常敏感"的心的孤立画家，有着与事物深度接触并明了真

星空下的柏树小路（1890年5月）
奥特洛，库勒–慕勒博物馆

橄榄树,以阿尔皮伊山为背景(1889)
纽约,现代艺术博物馆(MoMA);
布面油画,72.6cm × 91.4cm
约翰·海·惠特尼夫人遗赠

正、神秘精髓的能力。不过文森特的反应是贬低自我才能，既写信给奥里叶以回复并感谢他（"涉及我的部分，或者说将涉及我的部分，事实上为次要。我向您保证"），也写信给弟弟，与其没理由说谎："你给我寄的评论我的画的文章让我十分惊讶。"于1890年2月1日向提奥承认道："不必说我希望继续思考不再这样画，但我确实从中看见自己应该怎么画。这篇文章关于应弥补之处说得很对……你想的话，在我如此不完美的画中，作者简单指出这里那里有什么是好的，这为慰藉人心的一点，我赞赏并希望对此表示感激。需要明白的是，我没有足够的肩膀去完成相似一职。"他在4月的另一封信里继续道："我求你跟奥里叶先生说，别再写关于我的画的文章了。你坚持说：首先他看错我了；其二，要面对广告太令我烦恼了。画画可以分散我的注意力，但听别人说起此事给我造成的痛苦他无法想象。"

凡·高这样说并非简单地因为谦虚。奥里叶将其视作有才华的象征派画家，凡·高却像是质疑这一点的第一人。很明显，文森特并没"感觉"自己以象征派的方式作画，他知道象征派的做法与艺术理念不会让自己感觉自在，并且应该已察觉，就像他的其他信件让人明白一样，因为其不稳定的精神状态可能带来的后果，象征主义之路对他来说不仅困难甚至存有危险。也许正是如此，当他随后搬到安静小城奥维尔——在那度过生命中的最后几个月时，他试图回归不那么"用脑"或艰难的绘画生活。

破　裂

凡·高与高更共同生活的悲剧一幕结束于 1888 年 12 月 23 日。如高更在《此前此后》中讲述道，于平安夜的前一天，没有明显理由地，文森特拾起剃刀攻击朋友，高更害怕地逃走并在旅馆过夜。与此同时，文森特在猛烈的神经错乱发作中，自切左耳耳垂①，并将其包好作为礼物送给名为荷雪儿的女子，一位与高更一同光顾过的妓院的妓女。

"在我于阿尔勒停留的最后几天，"高更写道，"文森特会突然变得过分粗鲁和头脑混乱，继而安静下来。有天晚上，我在醒来时看到文森特也醒着，在向我的床靠近。发生了什么呢？我只是很严肃地跟他说：'您怎么了，文森特？'好让他重回床上熟睡一觉，而不说什么。我想在他画静物画——他十分喜爱的向日葵时给他画一幅肖像画。看了成品，他说：'这是我，疯了的我。'同一晚我们去咖啡馆。他要了一杯度数不高的苦艾酒。突然间他拿起酒杯朝我脸上砸过来。我避开了，把他夹在臂下拖出了咖啡馆，穿过维克多·雨果广场，几分钟后文森特就躺在了他的床上，很快就睡着了，早上才醒过来。醒来时，他很平静地跟我说：'我亲爱的高更，我依稀记得昨天晚上冒犯了您。''我真心真意地愿

亨利·德·图卢兹·罗特列克
文森特·凡·高在一杯苦艾酒前（1887）
阿姆斯特丹，凡·高博物馆

凡·高割耳事件的见闻（1888年12月30日）
《共和国论坛》上的文章

---
① 关于凡·高切了左耳多少充满争议，本书中作者的描述与高更的描述也有出入。——译者注

意原谅您，不过昨晚的一幕有可能再次发生。如果我被打中的话，可能会失去理智并勒死您。因此请允许我写信给您的弟弟说我要回去了。'这一天都是怎么过的，天啊！晚上，囫囵吃过饭后，我需要自己一个人去呼吸一下新鲜空气，闻闻月桂花开的香气。在几乎要穿过整个维克多·雨果广场时，我听到身后不远处急促的脚步声。我在回头的同时，文森特手中拿着打开的剃刀向我扑过来。当时我的目光应该很凶狠，因为他停了下来，低下头，朝着家的方向跑了回去……之后不久，我去了阿尔勒一间上好的旅馆，问了时间，开了房间，就去睡觉了。我很激动，凌晨三点才睡着，醒来已经很晚了，大约七点半。我来到广场，发现那儿围了很多人。我们家附近有宪兵，拿着硬圆顶礼帽的是警察局长。看看发生了什么吧。凡·高当时回到家，马上把左耳切了下来。他花了很长时间才止住血，第二天底楼两个房间的地板上遍布浸满血的抹布。血弄脏了两个房间和小楼梯。当他出门时，以一顶贝雷帽包好脑袋，径直去到一家妓院，把他洗干净、包好的耳朵交给正在等客的妓女。'这，'他说，'给你留作纪念。'然后逃回家，上床睡觉。"

"不过他还关好了百叶窗，并且在窗边的桌子上放上了一盏亮着的灯。"

这就是高更于多年后对当时的回忆。基本上他是唯一知道事情演变的人。事实上，余下的另一信息来源是下周末在当地报纸上的一小段，只提到了耳朵："上周日晚11点30分，一位名为文森特·沃高①的荷兰籍画家前往一号妓院，"如此报道的《共和国论坛》，"他让人叫了名为荷雪儿的女孩，交给她……他的耳朵，并说道：'保管好，这很珍贵。'然后消失。警方获悉这只有一位可怜的疯子才会涉及的事件，次日前往男子家中，发现他仍在梦中，几乎无生命迹象。这位可怜人被紧急送往医院抢救。"

实际上，凭这两份证据并不足以还原当晚所发生的一切。很多问题没有得到解答，从文森特神经错乱发作的原因，到自割左耳的因由以及把它送给妓女（也许是因为凡·高在阿尔勒看了一场斗牛，想模仿斗牛人把切下的公牛耳朵送给心上人？）为礼的动机，到很多别的细节。此外，也不应该尽信高更的陈述，如仔细研究可发现多处不准确、自相矛盾与夸大成分的描述。甚至有人认为文森特并没有自切左耳，而是一场意外。凡·高与高更可能在激烈争吵后动起手来。在某一点上，出现了刀，或剃刀，在两个人争夺它时，凡·高被伤。

至于凡·高自己则一直宣称不记得当晚事发一切，从他之后写给高更与提奥的信中，他并未因为朋友次日就返回巴黎，甚至没有来医院探望他而感到难过。文森特反而于1889年1月28日写给弟弟的信中说道："高

---

① 此为法语原文错误。——译者注

耳朵缠着绷带、叼着烟斗的自画像（1889年1—2月）

更和我很懂彼此，如果我们两个人都有点疯癫，给对方一些耐心。"

凡·高留下了两幅耳朵缠着绷带的自画像，一幅为私人收藏，现存于在芝加哥艺术学院，另一幅藏于伦敦考陶德艺术学院画廊。画中绑绷带的是右耳，而非左耳。不过理由很简单，如果文森特是在镜子的帮助下画下它们的，那么油画上的画面方向正好被调转。

最后再说一点，以满足好奇心：在丢掉它之前，警方把切下的耳垂用酒精在一个小瓶中保存了几个月，以作调查证据之用。

耳朵缠着绷带的自画像（1889年1月）
伦敦，考陶德艺术学院画廊

第五章
疯 痴

生之不适

文森特·凡·高用剃刀割下左耳的悲剧为1888年12月23日，也是其首次神经错乱发作。虽突然，却非毫无前兆。文森特的伤痛在经历多年于其心底的潜伏后肆意爆发。被困扰的标志可以追溯至很多过往在平常边缘化的行为，从他在博里纳日地区传教时的宗教狂热到标志其失败爱情经历的热情。同样，因为无法融入身处环境，他有着一份深沉的生存不适感，为不足与失败而痛苦——让人不禁想到抑郁症，这在文森特给提奥的信中已充满暗示，比那著名平安夜前日的戏剧一幕要早得多。于1877年，事实上，凡·高已跟弟弟说到一份深沉的苦涩，因为"目前为止我所做的每一选择都失败了，为此我活在气馁中，承受难以计数的应得的责备。"这句话来自从多德雷赫特寄出的一封信，当时文森特在经历古皮尔公司的解雇与令人失望的牧师工作后，到了荷兰小城市的一家书店任职。

很快，依然于1877年，他就需要跟提奥发泄道："你的一句话触动了我：'我希望远离一切。是我的错，因为我只懂得令所有人难过，我知道我是自己与别人伤痛的原因。'这些字眼触动了我，因为不多也不少，正是这负罪感压得我的良知喘不过气来。我能感觉到它，当我回想过去时，当我想到未来时，那里满是无法超越的困难，有着一份沉重工作——我不喜欢，身体中邪恶的我想避免；当我想到很多人时，他们关注我而且会辨认出我很可能再次失败的因由……他们不会生出平庸的责备，但……他们脸上的表情像是在说：'我们帮助、指引过你，我们为了你做了一切可以做的。你真的用尽力气去尝试了吗？我们的回报是什么？我们所做一切的成果是什么？'"

负罪感已在这些字句中清晰可见，它将会陪伴文森特一生，并注定会因为经济上对提奥的依赖而有增无减。无法得到别人的感情与尊重，不能建立稳定的关系，只让情况继续恶化："跟所有人一样，我也需要家庭、友谊、感情，与跟身边人相敬如宾的关系；我并不由沙或铁组成，并非消防栓或路灯，因此，我不能生活在这一切的缺失中而无深沉的空虚感。"他在1879年在瓦姆写道。当时正值他于矿工间布道的时期。

在其他信件中能看出凡·高对自己与众不同的直觉；正因为不同，他被人拒绝，几乎就像一名罪犯一样被对待，这态度让他十分恼怒："我是一个相信直觉的人，会多少做出不理智的事情，过后会悔不当初。有时我也会说话或反应太快，其实应该保持冷静。我想其他人也会有类似的大意行径。既然如此，他应该做什么呢，他要把自己看作危险、无能力做成任何事之人吗？"他于1880年一封寄自奎姆的信中写道，这一年是其生命中出现重大转变的一年。在1882年，他继续说道："我在大部分人眼中是什么？谁都不是，怪异或令人不快之人；现在没有，将来也不会有社会地位的人；总而言之，底层人之最。那么，就算这是真的，我也希望在自己的画作中展现这奇怪、谁也不是之人的心中所想。"在同一年的另一封信中，他回忆到表姐琪对其求爱尖酸、刻薄的拒绝，提起自杀话题并在此信中加以反对。

"当时我怎么也不会懂得向你描述我心中的悲痛。我知道当时我经常地想到米勒神父很男子汉的一个说法：'一直以来，自杀在我看来是不诚实之人的行为。'心中的空虚和难以名状的悲痛让我想，没错，我能理解溺水之人的感觉。但我当时对此远不同意。我在所摘录的句子中找到力量，并想到，重新振作和在工作中找到慰藉（比自杀）要好得多。"

在某处，涌现凡·高的不自信，并因为工作极为艰辛与画作永远卖不出去的沮丧而愈演愈烈。"在画家生命的第一阶段，"凡·高在1883年的一封信中说道，"不自觉地让自己的生活十分困难——认为自己没能力驾驭工作，质疑自己能否有朝一日驾驭它，充满进步的渴望，对自己缺乏自信，无法压制内心的焦虑和逼自己赶时间……这种不安和忧虑，使人感觉压抑，就像在夏天风暴来临前的时刻……我认为有时候不得不一辈子保持这种痛苦的方式工作，但不总是像一开始那样缺乏成果……我感觉自己更老了，只有在想到我认识的人得把我看作失败者时；这真的有可能，如果形势不好转的话，以及当我想这真的有可能时，这感觉是如此强烈，足以让我抑郁、悲伤得就像已成真一样。"而在1888年10月，距离一切变得无法弥补前两个月，他继续写道："让我们只希望也许作画对我来说变得稍微简单一点，至于数量，怎么都不会够。它们卖不出去这一点让我很难过。"

在凡·高的精神负担（基本上从很小开始就已被其折磨，源自不愉快的家庭生活）的基础上，随时间推移也加上了一些使其恶化的因素，导致了精神疾病的展露。第一个因素为其情感层面的孤立，在跟熙恩于1883年分开以后（"我的决定是，我对其他一切来说已死，除了对我的工作，这一点不会变。"在与她分开前他这样说道），以及总的来说作为人的孤立。"事实上，除了你以外我再没有别的真正的朋友，当我难过时我总想到你。"同于1883年他给弟弟这样写道。而在1884年，他想道："如果我变成另外一个人，我不是说这不应该发生，我不期待别的，只要还能活下去，生活还可以忍受我就开心了。不过我跟你说，我不认为这是我应得的命运，因为算一算，我不觉得曾做过，也不会做要让我失去与其他人在一起而感觉自己存在的权利的事情。"在1888年7月，他继续写道："不过一个人，我只能意识到某些时刻的激动，因而我放任自己的行为。"

此外，他的生活标准很低，缺乏各种物资且常常挨饿："我突然觉得所有自己作的孽都堆积在了一起，让我窒息，一时之间我感觉这对我来说太过沉重，再无法平和、自信地看到未来。"他于此前摘录的1883年的信中写道。还有他对弟弟的经济依赖，让他感觉自己是无用的重担，并因此有寻死的念头——"抱歉那时在博里纳日我没有生病而死去，而是投身了绘画，因为对你来说我只是个负担。"他在同一封信中继续说道。不久后，依然在1883年："真的很抱歉，我对你来说只是个负担……如果你无法承受这负担，坦白跟我说。我宁愿放弃一切，而不是让你背上太过沉重的包袱。"

最后，另一导致其出现精神问题的恶化因素是"家人"：事实上，妹妹薇荷明妮在精神病院度过了将近四十年，于1941年死去，而最小的弟弟克纳利斯·凡·高，于1900年自杀。

不过到最后，折磨凡·高的到底是什么病呢？他的精神问题一旦发作应该要怎么确诊呢？在没有任何临床检查，而在他自己、医治过他的医生以及朋友们的作证的情况下，要做出判断很困难，甚至不可能。在两家被抢救过的医院，阿尔勒的与圣雷米的医院，他被诊断患有癫痫。在一封给妹妹薇荷明妮的信中，他谈到自己的发病，承认道："我当时完全不知道自己说什么，要什么，做什么……而当时的感受过后我完全不记得。"如果是癫痫的话，除了以上症状，还有视觉与听觉上"难以忍受的幻觉"，不过没有任何人见过其发作。因为这一点，随后人们想到凡·高患的是部分性癫痫。至于到底是遗传性还是诱发性，很可能两个假设都得考虑。

谈到可能导致癫痫发作的外部原因，最有可能的似乎是苦艾酒的滥用，文森特好像喝了很多以至对其产生依赖。从历史角度来看，这气味十分芬芳、带茴芹苦味的烈酒大约从1830年开始在法国流行开来。这个国家于此前不久占领了阿尔及利亚，在参加了这场战役的士兵当中流传一种用一点苦艾酒与水混合可增强免疫力保护他们不受斑疹伤寒、痢疾与霍乱侵扰的说法。苦艾酒在所有社会阶层中流行开来，很快成为先锋画家与作家间狂热崇拜的饮品。譬如，想到魏尔伦，不可能不想到苦艾酒。因为其酒液呈绿色，此开胃酒也被称为"绿精灵"或"绿色危险"。饮用它成为一场真正的仪式，有些特别注意事项需要遵循：苦艾酒要被干净利落地倒在阔口酒杯的底部，然后以新鲜的水将其稀释（最好的混合比例为五份水、一份苦艾酒），水要通过一把里面放着一块糖的穿孔勺子（这些勺子形状各异）慢慢倒进杯子里。最适合饮用它（具

静物：苦艾酒（1887年春天）
阿姆斯特丹，凡·高博物馆

有超前意识的 Happy hour——快乐时光）的时间为五点至七点（被称为"绿色时间"），同样时段在法国也作为"婚外情时间"而著名。从植物学的角度来看，苦艾是两年生草本植物，学名为 Artemisia Absinthium，其药用价值在古代就已被发现。此烈酒以 absinthe 之名从 1805 年开始出现在法国市场，由亨利·路易·贝赫诺出品。苦艾酒的酒精度数极高，为 68 度，含一种生物碱——侧柏酮，有让人产生依赖与改变精神状态的作用。饮用苦艾酒会产生令人愉悦的晕眩感，进而有抽离现实的感觉。

其效果取决于饮用量。如滥用此饮品，其依赖性跟真正的毒品一样。长此以往，会造成不可逆转的伤害，例如酗酒，深层次的情绪改变、更易怒与更有侵略性，对自我行为的无意识，以及知觉困扰，比如色觉障碍，即无法准确辨认色彩。就跟现在的"充水"毒品一样，好像海洛因或可卡因，"绿精灵"在 19 世纪的情况也因为伪劣制造变得更为复杂；尽管使其更便宜与更好卖，但在苦艾酒中加入类似硫酸铜（令其色彩更诱人）等物质甚至强镇静剂如鸦片酊，只会对人体有更大危害。

于 19 世纪后半叶，苦艾酒（合法至 1915 年）在法国的消费达到极高点。尤其在艺术家当中，无论是画家还是作家，"绿精灵"都很流行：图卢兹·罗特列克、高更、莫蒂里安尼与杜米埃都饮用过大量的苦艾酒，马奈与德加甚至都为它作过画；同样，很多作家亦消费大量苦艾酒，其中最有名的无疑为波德莱尔、兰波与此前提到过的魏尔伦。

在巴黎，凡·高也不例外地过度饮用苦艾酒。在阿尔勒亦如是，在那每周都有人因为"过量"饮用"绿精灵"而神志不清要被送往医院。如上所述，苦艾酒会导致扭曲的色彩知觉，名为色觉障碍；有人曾提出，"凡·高黄"——其阿尔勒创作中典型的耀眼、太阳般的色彩正源自此视觉缺陷。此外，滥用苦艾酒被发现会诱发残忍、暴力的攻击行为。有些人提出了猜想，割耳事件可由自毁冲动连同幻听到难以忍受的尖锐声音来解释。不仅如此，同一自我攻击性被认为是导致文森特于 1890 年 7 月自杀的原因。最后，已被确认的是，一旦对苦艾酒产生依赖，会对自我行为完全无意识，情绪基调被改变，容易激动，容易被激怒。

在癫痫诊断和与此相关的解释以外，慢慢也生出其他供解释凡·高精神问题的诊断，比如精神分裂，以及一系列与癫痫和精神分裂有关的诊断；再者，也有人考虑到某种器质性疾病，如青光眼，可以解释文森特一些画作中光线周边的晕轮，或者美尼尔氏综合征，会导致令人不适的耳内噪音；或存在其他激发因素，如地高辛中毒。

于20世纪上半叶，两位著名作者就凡·高疾病的本质发表了他们的看法。第一位是德国哲学家、精神病医生卡尔·雅斯贝斯，他于1922年发表的《斯特林堡与凡·高》中认为这两位艺术家患有同样的精神病，也

埃德加·德加
苦艾酒（1876）
巴黎，奥赛博物馆

艺术家——凡·高

就是精神分裂症。与癫痫不同的是，此严重精神疾病就算以人格分裂为特征，跟文森特一直所保持的批判精神并非不兼容。这位艺术家的批判精神从未停歇，也让他于1889年5月25日，在疗养不久后给弟弟写道："我大胆希望，一旦知道是什么问题，一旦能意识到自己的状态以及知道自己可能会发病，我们自己也可以在某种方式上合作，至少不瞎着急或瞎害怕。"然而，凡·高并无长期的神志不清，精神分裂的假设似乎被此反驳，画家的主要症状是抑郁、十分沮丧与有幻觉。

第二位是法国作家安托南·阿尔托，他自己在精神病院度过三年后，于1947年的文章《被社会自杀之人》中谈到凡·高的精神问题。与不幸的荷兰艺术家感同身受，阿尔托不失时机地控诉当时的精神病治疗系统以及为其做担保的社会。对他来说，凡·高不是疯子，而只是"悲伤、困惑"之人，事实上比其他任何人都更懂得深挖人性，满怀"生之渴望"。阿尔托在其充满愤慨的文章中写到这一段："凡·高是一个疯子？有朝一日懂得怎么看人的每一人都看看凡·高的自画像吧，我想的是他在其中戴着毡帽的那一幅，由无比清醒的凡·高所画。这张皮肤微红的屠夫之脸在审查、监视着我们，不，应该说用其冷峻眼光在打量着我们。我不认识任何一位精神病医生能以如斯压倒性的力量来打量人的面孔，以及能像是用切肉刀一般解剖无法否认的心理活动……凡·高的目光悬在半空，紧锁，于轻薄的眼睑后透出，眉毛稀少而舒展。"

第六章
尾 声

在圣雷米的疗养

在把割下的耳朵拿给妓女荷雪儿后,文森特回了家并上床睡觉。第二天早上,朋友鲁林正是在家找到他的,昏迷于血泊当中。警察也来了,把他送到阿尔勒医院进行急救。收到高更的电报,弟弟马上赶到他的床头,此时高更已回到巴黎。文森特很虚弱,还没有恢复知觉。圣诞节当晚提奥留下来陪他,但很快就不得不返程,因而拜托三个信任的人照顾他:约瑟夫·艾蒂安·鲁林、神父费德里克·萨勒与医院首席医生让·菲利克斯·雷。在朋友和医生的悉心照料下,文森特出乎意料地在短短几天内就好了起来并且可以回家,但因为多番发病,不得不再反复住院。

与此同时,他的与众不同开始让部分阿尔勒人感到害怕,于1889年3月甚至有三十位居民联合签名请愿让"红疯子"离开他们的城市。此后发生的是长时间的拘留,警察也把黄色之家封了起来。这些举措遭到了与其亲近者的反对,萨勒神父给提奥写信道:"将一个谁也没有伤害之人不由分说地囚禁起来是多么残忍,在善意对待下,他反而可能好起

阿尔勒医院花园,凡·高多次在此医院被抢救。

阿尔勒医院庭院（1889年4月）
阿姆斯特丹，凡·高博物馆

让·菲利克斯·雷医生

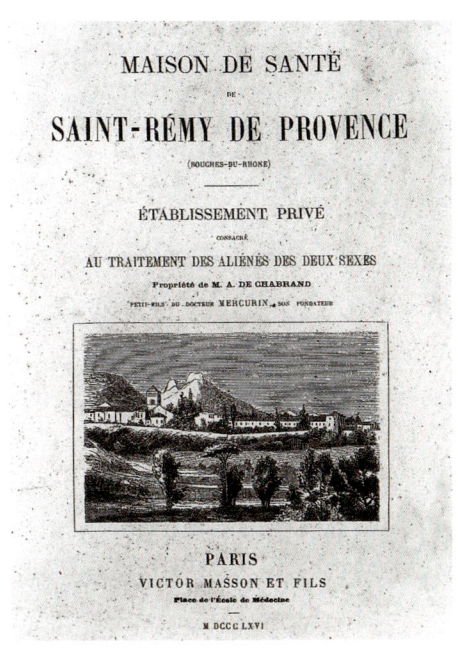

圣雷米疗养院的插图小册子（1866）
阿姆斯特丹，凡·高博物馆

让·菲利克斯·雷医生肖像画（1890）
莫斯科，普希金博物馆

河边上的阿尔勒老城，当时妓院分布于此。因骑兵路附近一些小路被拆除，凡·高送去耳朵的那一家已消失。

圣雷米圣保罗医院看护塔彪克肖像画（1889年9月）
索洛图恩，艺术博物馆

橄榄树、黄天与太阳（1889年1月）
明尼阿波利斯，美术馆

风景与在月光下散步的情侣（1890年5月）
圣保罗，艺术博物馆

星月夜（1889）（整体与局部）
纽约，现代艺术博物馆（MoMA）
布面油画，73.7cm × 92.1cm
莉莉·布里斯遗赠，编号472.19。

来。"文森特自己则于3月19日给弟弟苦涩地写道："看吧，我被关了起来，要面对牢门和看守度过一个个漫长的日子，也不用证明我犯了什么，也证明不了……你可以想象这对我来说就像正中胸口的一击，我看见那些懦夫费尽心机与一人为敌——一位有病之人……他们给市长寄了一封请愿信……不管怎么样，我只伤害了我自己，没有伤害其他人。"在3月末，他写道："我希望的是这些连我名字也不知道的人……当我在画画、吃饭、睡觉，或者当我去妓院（因为我没有老婆）时，他们不要管我。可事实恰好相反，他们对这一切都无比关心。"

受反复发病所困扰，凡·高决定尽一切可能治好自己，因此于1889年5月8日自愿进入位于圣雷米的圣保罗疗养院接受治疗。在这所由佩龙医生管理的机构，文森特有一定的自由，在一位看护工的陪同下也可以露天作画。充满幻象的杰作《星月夜》《群山中的橄榄树》与《星空下的柏树小路》正诞生于此，正如此前多次提到，它们属于一系列极富张力的作品。在一些人看来，这与其情感谵妄强度有直接关系，或几乎相称——画布上转化为旋涡、波浪线条与动态条带的狂舞。

那么，精神问题与艺术成果之间的假设对应关系引出了更大的一个话

题——艺术与疯狂之间的关系，太过丰富而未能于此尽述。在此只提一点，艺术表达，基本上被理解为灵感，是精神异常——时常甚至归因于一种明确疾病的成果，实为一厢情愿的浪漫想法，尽管此想法历史悠久，在古希腊就已有迹可循。事实上，柏拉图早就把诗人的灵感称作狂热，即疯狂、神志不清与兴奋，将其视为创作过程的根本。同样地，在几个世纪之后，于文艺复兴时期的意大利，创造力仍被与超乎常规的性格联系在一起。威特科尔在其著名文章《土星下而生》中精彩地谈到这一点，并解释那个时代的艺术家如何被认为有土星属性，即被土星运动左右。这是"忧郁之人"的星球，根据当时的意思，这些人因为疫病而失去平衡，似乎正是通常来说每一个都奇怪、神经质与喜怒无常的艺术家们。稍后，当浪漫主义再次把精神、情感激动与艺术创作联系在一起时，"天才"与"紊乱"基本上成为同义词，"艺术家"与"疯子"也几乎一样。由此，昔日艺术家中不安、无规则之人如米开朗琪罗或卡拉瓦乔，或者以凡·高为最重要代表人物之一的围绕很多现代艺术家所创造的疯癫、天才不被理解的神话，被以浪漫的眼光重新解读。不只如此，在现代世界，中产阶级占领了权力并在社会层面上决定了所谓的正当与理智的胜利；"艺术家＝疯子"的公式通过"疯子＝边缘人"算出了"艺术家＝疯子＝边缘人"的结果，此为典型的中产阶级心智。所以当阿尔勒的正常之人一起针对"红疯子"，让警方把凡·高（被送院两次，但值得记住的是，只有一次与精神问题有关）拘留起来时，其实只是19世纪的中产阶级试图让艺术家形象与艺术活动对社会无害；在其眼中，它们本质相同，奇怪而具颠覆已建立秩序的潜力。

无论如何，尽管仅是精神问题无法足以解释凡·高才能的本质，不过我们不得不同意雅斯贝斯的看法：被困扰的心可以催化这位荷兰艺术家独特的艺术敏感度。因此，如果圣雷米画作中强烈与过分重复的线条不能跟一个无可救药地被困扰的灵魂暴力、不可掌控的变化留在画布上的痕迹作对等，那么至少它们总与一位悲痛之人兼容。不过需要提醒一下的是，这里所谈及的画作来自凡·高艺术家生涯的一个特殊时期，正如之前所说，他正在尝试画一些象征派作品。当中的夸张在艺术层面上来说是经过考虑的有意而为，而非"自动书写"或超出控制。尽管精神疾病并非不兼容，反而可以滋养、指引类似的艺术成果。奥里叶早在此前所摘录的1890

圣雷米之山（1889年7月）
纽约，所罗门·R.古根海姆博物馆

囚犯放风
仿居斯塔夫·多雷（整体与局部）（1890年2月）
莫斯科，普希金博物馆

年1月的文章中表达过同样观点。"他（凡·高）的整幅画都太过度：多余的力量、神经质与表达暴力。"象征派评论家这样写道，并继续认为画家"头脑发热"的个性与"过分敏感"跟其艺术天分间有着直接的关系。文森特自己似乎也认同，于1890年2月20日，在奥里叶的文章面世不久后，文森特给妹妹薇荷明妮写信，谈到自己与像他一样的艺术家："我们都或多或少地神经兮兮。这让我们对色彩及其特别的语言、补色的效果及其和谐与碰撞更为敏感。"

然而，疯狂与艺术间也可能存在相反的关系，即创作某一种类型的艺术反过来会影响精神并损害其稳定性。文森特自己也似乎这样想过，从开始试验象征派绘画以来，他的神经面临很大的考验。不但有时与以往一般清晰，而且在1888年12月的发病后更能敏锐地进行自我观察。凡·高在不只一封信中指出他的不适，说到"抽象"与"夸张"给自己造成的负面影响。比如在1889年12月初从圣雷米给贝尔纳写道："当高更在阿尔勒的时候，你知道的，我试

红色葡萄园（整体与局部）（1888年11月）
莫斯科，普希金博物馆

　　了一两次以抽象的方式画画，如《摇摇篮的鲁林夫人》，或者《小说女读者》，在黄色图书馆中的黑色形象。当时，抽象在我看来是一条充满魅力的道路，但它也是一片被诅咒的土地。我亲爱的朋友，我很快就发现前面有一道墙！"这道他感觉要撞上的墙威胁着他的精神健康，正如他在随后说道："如果我很久都没有写信给你，是因为我要跟疾病做斗争，冷静头脑，我没有讨论的意愿，这些抽象里充满危险。"

　　在圣雷米时，文森特经历交替的情绪变化，一时过度工作，一时处于长时间的深度抑郁当中。于1889年末，在一次尤为严重的发病中，他喝下颜料。同时，在弟弟的帮助下，他于9月参加巴黎的独立艺术家沙

绿色葡萄园（整体与局部）（1888年夏天）
奥特洛，库勒–慕勒博物馆

龙展；弟弟于同年跟乔安娜·邦格成婚。在1890年1月，于Les·XX团体①在布鲁塞尔的第八届展览中展出作品。一位文森特此前在阿尔勒认识的年轻画家尤金·宝赫的姐姐安妮·宝赫以四百法郎的高价买下《红色葡萄园》，凡·高生前卖出的唯一作品。他在3月再次参加巴黎的独立艺术家沙龙展，其画作得到了莫奈的赞赏，但他发病得越来越频繁、严重与持久。"一次更猛烈的发病足以永远毁掉我的画画能力。"他于1889年9月难过地给提奥写道。文森特害怕失去这个他仅存、还能给予他快乐之物。他咬紧牙关、不计代价试图前行的坚韧触动人心。"生

---

① 意为数字二十，指二十位比利时艺术家所组成的团体。——译者注

命就这样过去，时间不再回头。但我仍坚持做我的工作。"他在同一封信中写道。

他全心全意地希望痊愈，或至少好一点，抓紧这丝希望毫不气馁。"在发病时，因为不安和痛楚我感觉自己很无用……正是这份无用感，之前让我毫无痊愈的意愿。现在令我吃两人份的饭，勤奋工作，减少跟其他病患的接触以避免再次发病，总而言之，现在我想尽一切办法让自己好起来，正如想过自杀、试过冰冷水温而如今想重新靠岸之人。"于数行后他承认道。他开始考虑，跟弟弟待在一起会对自己有好处。同时他也觉得自己在圣雷米医院的日子甚至有害无益："怎么说呢，不能活在这个环境里；甚至流浪街头都比待在这里面好……没错，要结束这一切，我无法同时做这两件事，工作，以及活在一群奇怪的病患中给自己惹上一堆麻烦。"在9月的同一封信中他再次强调。

圣雷米医院的花园（1889年12月）
阿姆斯特丹，凡·高博物馆

圣雷米医院的走廊（1889年10月）
纽约，大都会艺术博物馆

圣雷米医院凡·高工作室的窗户（1889）
阿姆斯特丹，凡·高博物馆

圣雷米医院花园的树木（1889年10月）
洛杉矶，阿曼德·哈默中心

精神病人肖像画（1889）
阿姆斯特丹，凡·高博物馆

圣雷米医院的病房过道（1889年4月）
温特图尔，奥斯卡·莱茵哈特博物馆

奥维尔的嘉歇医生

因此，弟弟在5月写信给佩龙医生，说可能把文森特转到巴黎附近的奥维尔，他在那里会由嘉歇医生负责。提奥最近才认识的保罗·费迪南·嘉歇医生看起来有能力面对哥哥的情况：除了是神经疾病专家，也是有文化之人，是一些印象派画家尤其是塞尚的朋友，也多少懂一点绘画、素描与版画。

于1890年5月16日，文森特离开圣雷米的医院，独自前往巴黎。在提奥家度过了愉快的三天，认识了弟媳，以及出生才几个月的侄子，像他一样名为文森特·威廉。此后，前往奥维尔，首先在圣欧班旅馆下榻，然后住在哈武夫妇的咖啡馆兼旅馆，位于镇政府广场。

在奥维尔，凡·高重新开始充满精力地作画，在其生命的最后两个月中完成了超过八十幅作品，此产出比也印证了其整个艺术生涯的创作热情，在仅仅十年中就完成了八百七十一幅作品。一开始，文森特与嘉歇医生相敬如宾。医生成为其病人的朋友，每周日邀请他到家里做客。文森特显得乐观，相信自己会痊愈。"嘉歇医生说没有再发病的可能，现在的情况非常好。"他于6月4日给提奥写道。如果说在圣雷米的作品中，在心境与形式追求间有着某种神秘魔法，这个时期的作品似乎在确认他对平和心境的渴求。

经历过无行动自由时期那些强烈的作品，艺术家如今无比费劲但努力地在混乱的头脑中理出条理。可以看出他希望有条理、平静地重新开始，有着在画布上清晰、和谐支配其所想表达感觉的需要，选择更为清醒的风格，营造没那么暴力的色彩对比与没那么夸张的线条。

肖像画（两幅《嘉歇医生肖像画》《玛格丽特·嘉歇弹钢琴肖像画》与《两个皱眉孩童》）如是，风景画（比如《奥维尔的房屋》与《风景，以马车与火车为背景》）也如此，静物画（比方《瓶中蜀葵》）亦然。在《新的一课》中似乎也有对杜比尼的记忆，这位巴比松画派画家曾于奥维尔生活过，凡·高从年轻时就很仰慕他。重生也伴随着写实绘画的回归——面对描绘对象而非凭记忆作画。文森特在约1890年7月10日给母亲与妹妹的信中写道："我完全为这里的景色而倾倒，丘陵前广阔平原上的麦田，无边无际就像大海，黄色，纤细的嫩绿色，一块嫩紫罗兰色的锄过的地，以及正值花期的绿色土豆植株，这拼

嘉歇医生在奥维尔的家

奥维尔哈武夫妇的旅馆（1890）
阿姆斯特丹，凡·高博物馆

凑成一幅规则的国际象棋的图画；这一切置身色彩微妙的天空之下，天蓝色、白色、粉红色与紫色。我的心情太平静了，我的心情正适合画下它。"

然而，文森特时常为抑制内心翻滚的冲突而挣扎，由此出现了《奥维尔教堂》中的形式矛盾，构图的精致与色彩的暴力相互碰撞，或者在《麦田与飞鸦》中断裂、无规则的笔触。后者中远飞的黑鸟似乎真的隐隐预兆着死亡。"有如吞噬自杀之人脾脏的黑色蠕虫。"安托南·阿尔托这样说道。

这幅作品的画布为水平格式，被显著加长，符合艺术家从1890年6月中旬开始对很多风景画的做法，是凡·高最后创作中最多争议的作品之一。其令人不安的风格与当中的死亡象征酿生了一个普遍说法，认为这是文森特创作的最后一幅画。事实上，并无资料可以证实这一点。

在寄给提奥的最后几封信中的其中一封，写于1890年7月10日前后，文森特提到三幅画，其中两幅以"不安天空下的广阔麦田"为特征。遗憾的是，对两幅风景画及其格式（凡·高只说了"大幅"）的大概描述不足以供人们准确地分辨出它们，可列入考虑之列的除了《麦田与飞鸦》，还有这个时期的其他作品，比如《农田》《奥维尔阴天麦田》，或《阴天麦田》。在没有证据的情况下，与普遍看法相反，一些重要学者偏向认为，这幅有黑色乌鸦飞翔在天空与成熟麦田间的戏剧性作品完全不是凡·高的最后作品。最后的作品反而很可能是此前提到过的《杜比尼的花园》，描绘已逝画家别墅周边花园的油画。

文森特于1890年7月23日——开枪自杀前四天从奥维尔寄给提奥的最后一封信中描述了这幅画："杜比尼的花园，近景是绿色、粉红色的草。在左边，一个绿色、淡紫色的树丛，一棵叶子发白的植物。在中间，一片玫瑰花圃。在右边，一面墙，一副格架。在墙上，一棵叶子紫罗兰色的榛子树。然后，一片丁香树篱，一排弯曲的黄椴树，以及背景上粉红色的家，浅蓝色木瓦板屋顶。一条长凳和三把椅子、一个戴着黄色帽子的暗色身影和一只黑猫在近景上。天空为亮绿色。"很明显，这幅画比《麦田与飞鸦》更富"田园"气息，尽管后者更符合将自杀之人的心境。但只因为它有着完美的"自杀气质"而把这幅藏于阿姆斯特丹凡·高博物馆的著名油画看作艺术家的最后作品，显得确实牵强。但这并非有关此画的唯一牵强演绎。事实上，人们倾向对画作中的元素作象征层面的演绎。那三条小路、暴风雨的

艺术家——凡·高　205

圣雷米铺路工（整体与局部）（1889年11月）
华盛顿，菲利普斯收藏

天空与乌鸦，在时间流转中激发了各种混乱，或多或少充满想象力的演绎。不可作准但却合情合理的比如有，将小路看作凡·高过去与未来的人生路径，或在暴风雨中的天空有如艺术家生命中各种磨难的累积，或把乌鸦看作悲哀的预感（这里也是：如果乌鸦飞向看画者而不是飞往相反方向，此负面演绎才站得住脚，事实上这难以定断）。其他演绎则难以被认同。这其中有，把乌鸦风格化的翅膀解读为 V 与 W，即艺术家名字 Vincent Willem（文森特·威廉）的起始字母，甚至把天空中颜色最亮的两处解释为濒死的文森特的双眼——他在见证自己的死亡，并这样描述：由此将此画解读为凡·高"密码"的最后自画像。

　　撇开这些演绎与猜想，在其奥维尔期间的现实生活中，时间越往前，文森特越觉得像是体内有一只恶魔，被附身的频率越来越高。在 7 月，家人的一些问题加重了他的精神负担：提奥在经历一段经济困难的时期后，身体抱恙（在文森特之死六个月后去世，即于 1891 年 1 月 25 日，因为肾脏感染或梅毒），小侄子身体也不好。他怎能不感觉措手不及呢？如果弟弟不在了，他活着还有什么意思呢？反之亦然。

嘉歇医生肖像画（1890年6月）
巴黎，奥赛博物馆

嘉歇医生肖像画（1890年6月）

奥维尔雨中景色（1890年7月）
卡迪夫，威尔士国家博物馆

奥维尔的房屋（1890年5月）
波士顿，美术博物馆

葡萄园与奥维尔远景（1890年6月）
圣路易斯艺术博物馆

车道[1]（1872年秋天—1873年春天）
作于海牙
阿姆斯特丹，凡·高博物馆

---

[1] 与14页图画不一样，但描述一样，原书有误。——编者注

农田与麦堆（1890年7月）
里恩（巴塞尔），贝耶勒基金会美术馆

年轻农民肖像画（1889年9月）
威尼斯，佩吉·古根海姆

奥维尔教堂（局部）（1890年6月）
巴黎，奥赛博物馆

奥维尔教堂（1890年6月）
巴黎，奥赛博物馆

奥维尔教堂

他怎么有勇气在死后也继续作为提奥家庭的负担呢？此外，提奥现在有自己的家庭了，为什么还要为他做牺牲呢？所有这些担忧加上知道弟弟不会如此前承诺的一样，到奥维尔过暑假的失望，于7月27日，凡·高出门到田间作画。回来后，哈武夫妇为其痛苦神色担心并坚持追问原委，他才承认用手枪往自己胸口开了一枪。嘉歇医生接到电话立刻把所发生的通知了提奥。

弟弟马上赶到文森特的床头，只是他的命运已被写就：凡·高于7月29日凌晨死去，终年三十七岁。在他身上找到一封没有写完的信，是给提奥的。以印度墨水写下的字句有如预兆："我想写信给你说很多事情，但觉得并无用处……我在工作中以生命冒险，我的理智已损耗了一半。"

在作结论之前，最后一点是有关其自杀疑点的考虑。首先，是手枪的问题。文森特在7月27日带在身上的左轮手枪是从哪里冒出来的呢？它从未被找到，相关资料也未谈及，只有几篇文章轻描淡写地提到这至今仍留存的谜团。有两个猜想：第一个认为文森特此前在蓬图瓦兹买了手枪；第二，手枪是他的朋友哈武于那个悲剧下午给他在露天作画时用以驱赶乌鸦的。后种说法有多年后哈武夫妇的女儿艾德琳的证词，当年她还是少女。

另一未被解答的问题是为什么文

黑泽明电影《梦》中的一个画面,凡·高置身其最后画作之一《麦田与飞鸦》中。

麦田与飞鸦(整体与局部)(1890年7月)
阿姆斯特丹,凡·高博物馆

阴天麦田（1890年7月）
阿姆斯特丹，凡·高博物馆

杜比尼的花园（1890）
阿姆斯特丹，凡·高博物馆

杜比尼的花园（1890年7月）
巴塞尔，史戴赫林收藏

杜比尼的花园（1890年7月）
广岛，艺术博物馆

森特没有在临近的蓬图瓦兹医院被抢救,他们可以为他取出子弹并止血。为什么嘉歇医生没有这样做?他没有这样做,是因为真的已无力回天,还是因为没有意识到事态严重?这时候怎能不记得,嘉歇与文森特的关系在最后这段时间变得十分糟糕,文森特曾对其能力严重表示怀疑,甚至在1890年7月10日前后给提奥写道:"我觉得嘉歇医生完全不值得信任。"

凡·高的葬礼于7月30日举行。他的棺材被其曾深爱的向日葵完全覆盖。半年后在其身旁,于奥维尔的墓地里,安息着他的弟弟提奥,一生爱护他的救助者。

麦田与柏树(整体与局部)(1889年6月末)
纽约,大都会博物馆

四朵枯萎的向日葵（整体与局部）
（1887年8—9月）
奥特洛，库勒–慕勒博物馆

树根与树干（1890年7月）
阿姆斯特丹，凡·高博物馆

爱德华·蒙克
呐喊（1893）
奥斯陆，国家画廊

马克斯·佩克斯坦
风暴前（1910）
慕尼黑，现代艺术美术馆

埃里希·海克尔
砖石建筑（1907）
马德里，提森·博内米萨博物馆

凡·高的遗产

凡·高没有弟子，没有创立流派。在生前，他的艺术只由寥寥数人认识与欣赏：他的弟弟提奥，画家朋友埃米尔·贝尔纳、卡米耶·毕沙罗、保罗·高更与亨利·德·图卢兹·罗特列克，某个有远见的批评家。但他的教义很快就得到20世纪一些重要的先锋流派听从与进一步发展：首先是野兽派画家，然后是表现派画家。最早于1905年巴黎秋季沙龙展首次登台的画家（马蒂斯、安德烈·德兰、弗拉曼克、马尔凯与其他），尤其受这位荷兰艺术家的绘画方式而非其对艺术情感、道德功能的想法影响。让他们感兴趣的特别是凡·高画作中色彩所达到的力量与文森特在画布上对其自由无成见的挥洒。他们接收的遗产主要在视觉层面，并发展出更为自由地使用色彩的方式——纯色（时常具穿透性）强烈反差的欢愉大爆炸。

对表现派画家来说，兴趣则优先转移至意义层面上。重要的尤其是艺术家透过其风格所传达的个人内容。文森特，如所见，是与自己作品对话的孤独之人，特别强调自我表达，而非印象：其目标为展现艺术家心底所想，而不是所表现对象本身。这正是表现派画家有意发展的，由爱德华·蒙克，到桥社（以恩涅斯特·路德维希·基尔希纳、埃米尔·诺尔德、埃里希·海克尔与马克斯·佩克斯坦为最著名的代表人物），也于1905年在德累斯顿成立的团体。此流派艺术家们以随性、反自然主义的色彩运用来表达其个人心境。蒙克，被认为是欧洲绘画表现主义趋势的倡导者，将色彩作为不被现实局限的元素使用，志在营造阴沉、压抑、充满情绪张力的氛围。一些表现派画家如诺尔德与海克尔（对野兽派的德兰亦同）对凡·高的参照十分明显，他们喜欢浓重的笔触，几乎具有手法价值。正是手法元素让凡·高的绘画延续其影响直到今天。其绘画中的这一成分似乎是在20世纪40年代末期成为行动派绘画核心模式（如今已有年代感的威廉·德·库宁与杰克逊·波洛克的画作）的做法的最初、腼腆的展示。凡·高以其创新的色彩研究与其绘画的强烈个性，做出了陪伴印象主义向我们现代艺术转变的伟大功劳。

安德烈·德兰
科利乌尔之山（1905）
华盛顿，国家艺术画廊

凡·高画作的市场

在19世纪末期，凡·高画作的市场表现并非个例，而是最为戏剧性地反映这些艺术家作品的主要市场情况：印象派画家与那些不属于沙龙展和学院团体的画家，他们处于公共委任圈子之外。在那个时代，尤其在巴黎，想获得成功并不需要掌握特殊才能，只需遵守规章，屈从学院派原则——着重考虑画作描绘对象，而不是艺术作品本身价值。不对这一程序弯腰之人都被直接忽略。

被沙龙展拒绝，蒙马特艺术家们不得不依赖画商与投机者，为之后成为艺术作品自由市场的现代系统的出现做贡献。最初购买正式圈子之外画家作品之人多为商人、银行雇员或专业人士，而在最后这一群体中有很多医生，就像嘉歇医生——无数印象派画家的朋友，并作为医生与朋友见证了凡·高生命的最后时光。

此外，在19世纪后几十年的巴黎，在商店与小酒馆的墙上找到"叛逆"画家的作品（包括日后会变得十分有名与昂贵的那些）实为普遍：此为这些生意人的慷慨之举，接受无法结账的艺术家的画作或素描作为付款，从未梦想过对其做出美学或商业价值评估。在这种方式下，他们自身成为画商，身处一个可预见价格比艺术画廊如古皮尔公司所叫价格要低得多的平行市场。

在这些临时画商，或这些为提供之画商中，被历史记住的有糕点师尤金·穆赫，与之前提到过的唐吉老爹——颜料商人，他的作坊的无数客人中也包括凡·高。事实上，是一位公证人，安博瓦斯·沃拉赫，为理解新画家作品伟大价值的最先者之一。

正是他，以并不高昂的价格买下了提奥·凡·高去世时留给布索-瓦拉东公司的画作，其中大部分为文森特与高更的作品。

此前已经提过凡·高生前所卖出的唯一画作：《红色葡萄园》，由画家尤金的姐姐宝赫于1890年初以四百法郎所购得。在其去世后的十年里，得益于一系列幸运的回顾展，他的名声开始渐涨：两次于1891年举办展览，一次在巴黎独立艺术家沙龙展，另一次由布鲁塞尔的Les·XX团体所布展；此外两次分别于1895年与1896年，由安博瓦斯·沃拉赫在其位于拉菲特路的巴黎画廊举办；最后，具有决定性的1901年的那一次，由勒克莱尔组织，于巴黎的伯恩翰姆画廊举行。此后，于20世纪的头十年，其在德国、英国与荷兰举办了重要欧洲回顾展。于1913年，纽约军械库展览会的欧洲现代艺术展，凡·高的作品得以被跨洋展出。在20世纪后半叶，尤其是80年代末、90年代初，这位荷兰艺术家的画作达到高不可攀的价格。

于1987年，苏富比拍卖行在纽约以5390万美元敲槌卖出《鸢尾花》，其画是凡·高

艺术品商人亚历山大·瑞德肖像（1887年春天）
格拉斯哥，凯文格洛弗艺术画廊与博物馆

于1889年5月在圣雷米创作，这为一幅当代画作有史以来卖出的最高价，实令人惊叹。三年后，于1990年5月，一位日本富豪以8250万美元买下其中一幅嘉歇医生肖像画。

已达如此数额，稍微小一点的成交额也显得不足以关注。因此，于1998年11月，当佳士得拍卖行在纽约以7150万美元（无法解释的是，预估价格不超过250万）卖出1889年作品《无胡子自画像》时，几乎悄无声息。而最近，于2006年5月，巴克温收藏的《阿尔勒妇人》（1890年）"仅"以4000万美元被拍卖。

想想凡·高画作所抵达的成交天价，两个富有意味的段落似乎仍有心酸回响，一段来自文森特写给提奥的一封信（1889年），另一段则来自弟弟写给妻子乔安娜的一封信（1889年2月9至10日）。文森特写道："艺术生意让价格在作者死后上升的做法一直没变。"然后补充道："所能听说的最高价格，是为已故画家的画作支付的，在世时不会被支付那么高；这是一种郁金香狂热①，画家活着的时候劣处比益处多。"提奥则在信中为文森特说道："他的努力并没有白费，但他很可能活不了那么久来看到其成果，因为当人们明白他在画中想说的时，已经太晚了。他是最前卫的画家之一。难以理解，甚至对如此亲密认识他的我来说也难。他的想法所延展的空间如此广阔，审视什么是生而为人，以及一个人应当如何看世界；一个人应该摆脱任何与惯例哪怕有遥远关系之事，来明白他试图想说的，但我确认他在未来会被人理解的。难就在说是什么时候。"

---

① 又称郁金香泡沫，或郁金香效应。源自17世纪的荷兰的历史事件。被称为人类历史上记载的最早的投机活动。——编者注

鸢尾花（整体与局部）（1889年5月）
作于圣雷米
洛杉矶，盖蒂艺术中心

黄色背景中的瓶中鸢尾花（1890）
阿姆斯特丹，凡·高博物馆

阿尔勒妇人（1890年2月）

艺术家——凡·高

附　录

人名索引

A

阿道夫·蒙蒂切利 82,85

阿尔布雷特·丢勒 24,38

阿尔丰斯·穆夏 75

阿尔弗雷德·宋思尔 32

阿尔弗莱德·西斯莱 76

阿戈斯蒂娜·塞加托里 102,104,105

阿梅迪奥·莫蒂里安尼 178

埃勒 75

埃德加·德加 179

埃德温·巴克曼 31

埃里希·海克尔 227,228

埃米尔·贝尔纳 5,76,115,143,145,228

埃米尔·加利 75

埃米尔·诺尔德 228

埃米尔·左拉 34,73

艾博·奥里叶 164,168,192,194

艾博·马尔凯 228

艾德琳·哈武 203,204,216

爱德华·马奈 178

爱德华·蒙克 226,228

爱德华·维亚尔 151

爱德蒙·德·龚古尔 94,97

安博瓦斯·沃拉赫 230

安德烈·布勒东 26,34

安德烈·德兰 228,229

安东·凡·拉帕德 38,48

安东·莫夫 38,39,40,48

安妮·宝赫 198,230

安托南·阿尔托 180,205

奥迪隆·雷东 73

奥诺雷·德·巴尔扎克 8

奥诺雷·杜米埃 178

B

保罗·高更 73,106,124,138,140,141,142,
143,145,146,147,148,149,150,151,152,163,
164,169,170,178,182,194,228,230

保罗·塞律西埃 151

保罗·塞尚 108,203

保罗·西涅克 73,76,90,119

保罗·魏尔伦 177,178

彼得·保罗·鲁本斯 64

柏拉图 192

布索-瓦拉东公司 14,68,106,138,230

C

查尔斯·巴尔格 29

查尔斯·波德莱尔 178

查尔斯·狄更斯 13,34

查尔斯·弗郎索瓦·杜比尼 29

查尔斯·拉瓦尔 143,145,146

德拉克洛瓦 64,136

E

恩涅斯特·路德维希·基尔希纳 228

F

菲力普·布尔蒂 93

菲利克斯·瓦洛东 151

费德里克·萨勒 182

费尔南·柯罗蒙 75,76

G

歌川广重 93,98,102,115,120,124

歌川国贞 102

葛饰北斋 93,94,131

古皮尔公司 12,13,14,15,24,25,28,34,
64,68,174,230

H

哈丽特·比彻·斯托 34

哈武夫妇 203,204,216

赫克多·吉玛德 75

赫奈·拉里科 75

黑泽明 217

亨利·德·图卢兹·罗特列克
75,76,94,96,106,169,178,228

亨利·路易·贝赫诺 178

亨利·米勒 137

胡伯特·冯·赫科默 31

J

吉诺夫妇 113

吉诺夫人 113,148,149

妓女：荷雪儿 169

嘉歇医生 203,204,208,209,222,230,232

贾科莫·普契尼 94

杰克逊·波洛克 228

居斯塔夫·埃菲尔 74

居斯塔夫·福楼拜 73

居斯塔夫·库尔贝 73

居斯塔夫·莫罗 73,91,151

K

卡尔·罗伯特 29

卡尔·雅斯贝斯 179,192

卡罗琳·汉尼贝克 13

卡米耶·毕沙罗 76,228

克拉熙娜·玛丽亚·霍尔尼克（又称熙恩）49

克劳德·莫奈 76,90,92,93,198

L

卢米埃尔兄弟 75

鲁本斯 64

路易·昂克丹 76,151

路易·达盖尔 74

M

马蒂斯·马里斯 24,25,228

马克斯·佩克斯坦 227,228

门德斯·德克斯塔教授 16

米开朗琪罗·博那罗蒂 192

米开朗琪罗·梅里西·达·卡拉瓦乔 192

米什莱 14

莫里斯·丹尼斯 91,151

莫里斯·德·弗拉曼克 228

M. 杰哈旦 68

N

纳达尔 73

P

皮埃尔·奥古斯特·雷诺阿 76,92,108

皮埃尔·毕维·德·夏凡纳 73,151

皮埃尔·波纳尔 151

皮埃尔·洛蒂 94,164

Q

乔安娜·邦格 5,196

乔里·卡尔·于斯曼 73

乔万尼·波尔蒂尼 24,75

乔治·艾略特 8,13

乔治·博蒂尼 75

乔治·修拉 73,74,76,90

R

让·巴蒂斯·卡米耶·柯罗 7

让·菲利克斯·雷 182,183,184

让·弗郎索瓦·米勒 28,30,32,34,35,57,73,76,90,160,163

让·莱昂·杰洛姆 75

让·路易·欧内斯特·梅索尼埃 24,75

让·马丁·夏尔科 74

让·莫雷亚斯 73

S

萨穆尔·宾 94

T

泰奥多尔·卢梭 29

唐吉老爹 98,102,230

提奥多尔·杜赫 94

托马斯·卡莱尔 34

托马斯·司雷德·琼斯 16

W

威廉·阿道夫·布格罗 75,97

威廉·德·库宁 228

维克多·雨果 34

维克托里安·萨尔杜 91

魏尔伦 177,178

文森特的表姐：琪 8,38,175

文森特的伯伯：亨德里克·文森特 4

文森特的伯伯，文森特 4,12

文森特的伯伯：约翰内斯 4,16

文森特的弟弟：克纳利斯·文森特 4,176

文森特的弟弟：提奥 4,20,24,50,54,85,102,106,113,126,136,168

文森特的父亲：提奥多勒斯 4

文森特的妹妹：安娜·克纳莉亚 4

文森特的妹妹：薇荷明妮·雅克芭 4,5,106,176,194

文森特的母亲：安娜·克纳莉亚·卡本特斯 3,4

文森特的叔叔：克纳利斯·马里努斯 4

文森特的侄子：文森特·威廉 203

文森特的长辈：约翰内斯 4

文森特的长辈：米歇尔 4

文森特·凡·高 4,147,169,174

X

西格蒙德·弗洛伊德 74

溪齐英泉 96

喜多川歌磨 93,94

Y

雅各布·范·鲁伊斯达尔 29,39,44

亚历山大·卡巴内尔 75

医生：佩龙 188,203

艺术画廊策展人：勒克莱尔 230

英国查理二世 4

尤嘉妮·洛耶 13

尤金·宝赫 198

尤金·德拉克洛瓦 64,136

尤金·穆赫 230

约翰内斯·博斯本 39

约瑟夫·艾蒂安·鲁林 113,182

约瑟夫·伊斯雷尔斯 39

Z

朱尔·巴斯蒂昂·勒帕热 75

作品索引

A

《阿尔勒餐厅内部》112

《阿尔勒的房间》（1888年10月）153

《阿尔勒的房间》（1889年9月，芝加哥艺术学院）154

《阿尔勒的房间》（1889年9月，巴黎奥赛博物馆）155，（局部）156-157

《阿尔勒妇人》（1890年2月）237

《阿尔勒妇人（吉诺夫人持书）》（1888—1889）149

《阿尔勒妇人们（密斯脱拉风）》152

《阿尔勒公园开花的栗子树道》119

《阿尔勒咖啡馆（吉诺夫人）》149

《阿尔勒深夜咖啡馆》158

《阿尔勒的舞厅》133

《阿尔勒医院庭院》183

《阿戈斯蒂娜·塞加托里于铃鼓咖啡馆》104

《阿姆斯特丹德鲁伊特尔码头》18

《阿斯尼埃弗瓦耶·达庄松公园的情侣》71

《阿斯尼埃之桥》77

《埃滕花园的记忆（散步在阿尔勒）》151

《埃滕的教会委员会与教堂》17

《安特卫普景观》63

《奥维尔的房屋》210

《奥维尔教堂》（局部）215

《阴天麦田》220

《奥维尔雨中景色》210

B

《抱着女儿的熙恩》50

《播种者》（1882）160

《播种者》（1850）160

《驳船与装载泥煤的二人》36

《布道后的幻象》150

《北部记忆》13

C

《餐厅内部》79

《车道》14

《车道》211

《吃土豆的人》（草图）56

《吃土豆的人》（版画）57

《吃土豆的人》（局部）55,58,59

《从蒙马特区看巴黎》70

《从文森特在勒彼克路的房间看巴黎》72

D

《大桥骤雨》120

《大碗岛的星期天下午》74

《戴草帽的自画像》85

《戴草帽的自画像》86

《戴灰色毛毡帽的自画像》87

《戴深色毛毡帽的自画像》82

《叼烟斗的自画像》82

《杜比尼的花园》（1890年）220

《杜比尼的花园》（1890年7月）221

E

《耳朵缠着绷带的自画像》172

《耳朵缠着绷带、叼着烟斗的自画像》171

F

《凡·高的椅子与烟斗》（局部）138

《凡·高母亲肖像画》10

《纺纱女工》30

《焚枯者》35

《风暴前》227

《风景与在月光下散步的情侣》187

《缝纫的熙恩与女儿》50

《奉告祈祷》35

《负重者》34

G

《干草扎》90

《橄榄树、黄天与太阳》187

《橄榄树林》134

《橄榄树，以阿尔皮伊山为背景》167

《高更的椅子（空椅）》138

《龟户天神社内》124

《果园中开花的杏树》126

H

《海克福德路之家》17

《海牙宫廷的池塘》15

《海牙周边沙丘之景》39

《红色葡萄园》196-197

《胡宾杜华运河上的洗衣妇》131

《花园》134

《花园中开花的李树》124

《画家启程去作画》141

《画架前的凡·高》85

《画向日葵的文森特·凡·高》147

《黄色之家》148

J

《嘉歇医生肖像画》208-209

《煎饼磨坊》（局部）64-66

《筋疲力竭》36

《精神病人肖像画》201

《静物：草帽》45

《静物：碟中柠檬》43

《静物：苦艾酒》177

《静物：木鞋、白菜与土豆》42

《静物：葡萄、苹果、柠檬与梨》42

《静物：五个瓶子》45

K

《开花的果园与柏树》126

《开花的桃树》127

《科利乌尔之山》229

《克里希大道》79，（局部）80-81

《苦艾酒》179

《矿工归来》21

《旷野之炉》29

L

《垃圾场》（略图）38

《拉克罗的丰收，以蒙马筑为背景》110

《拉姆斯盖特学校窗外景观》17

《朗格卢瓦桥》（1888年5月）120

《朗格卢瓦桥》（1888年3月）120，（局部）121-123

《篱笆外》29

《犁田者》40-41

《两个皱眉孩童》203

《绿色葡萄园》198，（局部）198-199

《罗伯特·德·孟德斯裘》97

《罗讷河上的星夜》164-165

《洛斯德伊嫩的农场》22

M

《马车广场》46

《马格斯之家》19

《麦田与柏树》222，（局部）223

《麦田与飞鸦》217，（局部）218-219

《茅草农舍》132

《煤矿铲工》21

《蒙马特区的菜圃》93

《蒙马特区的菜圃：蒙马特高地》94

《蒙马筑的橄榄树》135

《缪斯》91

《木匠的庭院与洗涤室》33

《沐浴女子》97

N

《呐喊》226

《奶杯》28

《年轻农民头像》60

《年轻农民肖像画》214

《农场与泥煤堆》22

《农妇头像》（1885）60

《农妇头像》（1885年3月）61

《农舍》132

《农田》205

《农田与麦堆》212-213

《纽南的小教堂》（局部）52

《女性形象》25

P

《棚屋前劳作的农妇》37

《皮特舍姆与特南格连的教堂》17

《瓶中花》82

《瓶中剑兰》43

《瓶中三朵向日葵》144

《瓶中十二朵向日葵》143

《瓶中十五朵向日葵》143

《瓶中蜀葵》203

《瓶中鱼尾菊和其他花》44

《葡萄园与奥维尔远景》211

《普罗旺斯的草扎》110，（局部）110-111

《普罗旺斯的收割者》108，（局部）108-109

Q

《骑士、死神与魔鬼》24

《桥》28

《轻步兵中尉保罗·尤金·米利耶肖像画》146

《囚犯放风》194，（局部）195

R

《让·菲利克斯·雷医生》183

《人鱼餐厅》78

《人之将死》37

《日本趣味：开花的李树（仿歌川广重）》125

《日本趣味：艺伎》95

《日本座酒馆》96

《日落播种者》161

《日落中的麦田与播种者》162

S

《深夜咖啡馆外部》128，（局部）129

《圣雷米铺路工》206，（局部）206-207

《圣雷米圣保罗医院看护塔彪克肖像画》186

《圣雷米医院的病房过道》202

《圣雷米医院的花园》200

《圣雷米医院凡·高工作室的窗户》201

《圣雷米医院花园的树木》201

《圣雷米医院的走廊》201

《圣雷米之山》193

《悲伤（Sorrow）》51

《圣马迪拉莫的小路》128

《拾穗者》28

《世界博览会：从特罗卡德罗公园看埃菲尔铁塔的建筑现状》68

《四朵枯萎的向日葵》224-225

《树根与树干》224

《树林中的女孩》46

T

《泰尔斯海灵岛女子收容院》48

《唐吉老爹》（1887年秋天）98，（局部）99-101

《唐吉老爹》（1887至1888年冬天）102，（局部）103

W

《文森特·凡·高在一杯苦艾酒前》169

《无胡子自画像》232

《无家可归》31

《无政府主义者费利克斯·费农肖像》119

X

《熙恩围炉而坐，拿着雪茄》49

《席凡宁根的暴风雨》47

《席凡宁根缝纫妇》30

《席凡宁根推车妇》31

《席凡宁根织衣妇》32

《现身》91

《削土豆的熙恩》50

《小说女读者》196

《小溪》29

《星空下的柏树小路》166

《星月夜》188，（局部）189-191

《雪景，以阿尔勒为背景》112

《熏鱼场》33

Y

《摇摇篮的鲁林夫人》115，（局部）116

摇摇篮的鲁林夫人（奥古斯·鲁林）117-118

《夜幕秋景》41

《一封信中的〈吃土豆的人〉（草图）》56

《一封信中的〈农妇头像〉（草图）》60

《意大利女子（阿戈斯蒂娜·塞加托里）》105

《艺术品商人亚历山大·瑞德肖像》231

《阴天麦田》220

《用手纺车的妇人》53

《由田野看阿尔勒》135

《在博里纳日》21

《鸢尾花》232，（局部）233-235

《约瑟夫·鲁林肖像画》113，（局

艺术家——凡·高　　243

部）114

Z

《在席凡宁根的海滩上》47

《在雨中》62

《站立裸女》38

《召唤拾穗者》26

《种土豆的农民》54

《周日的农民》31

《砖石建筑》227

《自画像》83

《自画像》（1889年8月末）88

《自画像》（局部）89

《自画像》（1889年9月）88

《自画像》（1889年9月）88

《自画像：伴贝尔纳肖像画（悲惨世界）献给凡·高》145

《自画像：伴高更肖像画，献给凡·高》145

《自画像：献给凡·高（查尔斯·拉瓦尔）》145

《自画像：献给高更》146

《自画像：献给拉瓦尔》146

《自画像：献给拉瓦尔（保罗·高更）》146

BIBLIOGRAFIA

Monografie e cataloghi:

Jacob Baart de la Faille, *L'époque française de Van Gogh*, Parigi 1927.

Jacob Baart de la Faille, *L'oeuvre de Vincent van Gogh: Catalogue raisonné*, 4 voll., Bruxelles-Parigi 1928 e nel 1930 il vol. *Les faux Van Gogh*.

Jacob Baart de la Faille, *Vincent van Gogh*, Parigi-Londra-New York 1939.

Abraham M. Hammacher (a cura di), *The works of Vincent van Gogh: his paintings and drawings*, Amsterdam 1970.

P. Lecaldano (a cura di), *L'opera pittorica completa di Van Gogh da Etten a Parigi*, Milano 1977.

P. Lecaldano (a cura di), *L'opera pittorica completa di Van Gogh da Arles a Auvers*, Milano 1977.

R. Pickvance, *Van Gogh in Saint-Rémy and Auvers*, catalogo della mostra (New York, The Metropolitan Museum of Art 1986), New York 1986.

Vincent van Gogh, catalogo della mostra (Roma, Galleria nazionale d'arte moderna e contemporanea), Roma 1988.

Van Gogh à Paris, catalogo della mostra (Parigi, Musée d'Orsay), Parigi 1988.

Vincent van Gogh. Disegni-Dipinti, catalogo della mostra (Otterlo, Rijksmuseum Kröller-Müller - Amsterdam, Van Gogh Museum), trad. it. Milano-Roma 1990.

Vincent van Gogh, catalogo della mostra (Amsterdam, Van Gogh Museum), Milano-Roma-Amsterdam 1990.

Van Gogh in nero. La grafica, catalogo della mostra (Firenze, Istituto universitario olandese di storia dell'arte, ottobre-dicembre 1997), Firenze 1997.

Van Gogh Face to Face. The Portraits, catalogo della mostra (Detroit, Institute of Arts, Boston, Museum of Fine Arts, Filadelfia, Museum of Art 2000-2001), New York 2000.

D.W. Druick-P. Kort Zegers, *Van Gogh e Gauguin. Lo studio del Sud*, catalogo della mostra (Chicago, The Art Institute, 23 settembre 2001-13 gennaio 2002; Amsterdam, Van Gogh Museum, 9 febbraio-2 giugno 2002), trad. it. Milano 2002.

Gauguin-Van Gogh. L'avventura del colore nuovo, catalogo della mostra (Brescia, museo di Santa Giulia, 22 ottobre 2005-19 marzo 2006), a cura di M. Goldin, Conegliano 2005.

Epistolari:

Johanna van Gogh-Bonger (a cura di), *Brieven aan zijn broeder*, 3 voll., Amsterdam 1914.

Vincent Willem van Gogh (a cura di), *Verzamelde Brieven van Vincent Van Gogh*, 4 voll., Amsterdam-Anversa 1952-1954.

Tutte le lettere di Vincent Van Gogh, 3 voll., Milano 1959.

Vincent Van Gogh. Lettere a Theo, a cura di M. Cescon, trad. di M. Convito e B. Casavecchia, Parma 1984.

E. M. Davoli, *La discesa infinita. La poetica di Vincent van Gogh attraverso l'epistolario*, Bologna 1985.

T. Giannotti (a cura di), *Vincent van Gogh. Lettere a Theo sulla pittura*, Milano 1994.

Vincent Van Gogh. 150 lettere, trad. di A. Folin, Conegliano 2005.

V. Van Gogh, *Lettere a un amico pittore*, a cura di M. M. Lamberti, trad. S. Caredda, Milano 2006.

Testimonianze dei contemporanei:

P. Gauguin, *A proposito di Vincent van Gogh*, (a cura di S. Mati), Pistoia 2001.

Emile Bernard, *Lettres de Van Gogh a Emile Bernard*, Parigi 1911.

Emile Bernard, *Souvenirs de Van Gogh*, in *L'amour de l'Art* (1924).

Emile Bernard, *L'enterrement de Vincent van Gogh*, in *Art Documents* (1953).

Paul Gauguin, *Avant et Après*, Lipsia 1918-Parigi 1923.

Opere e vita:

J. Rewald, *Il postimpressionismo. Da Van Gogh a Gauguin*, Firenze 1967 (ed. orig. New York 1956), pp. 573-595.

J. Hulsker, *Vincent and Theo Van Gogh. A Dual Biography*, 1990 (ed. orig. olandese, s. d.).

L. Venturi, *Van Gogh*, in *Le vie dell'impressionismo*, Torino 1970.

B. Bruce, *Vincent van Gogh, la vita e le opere attraverso i suoi scritti*, Novara 1985.

D. Formaggio, *Van Gogh in cammino*, Milano 1986.

A. Artaud-G. Bataille, *Il mito Van Gogh*, Bergamo 1987.

R. De Leeuw, *Van Gogh*, fascicolo monografico allegato al n. 22, marzo 1988, di "Art e Dossier".

G. Testori-L. Arrigoni, *Van Gogh*, Firenze 1990.

J. F. Walther-R. Metzger, *Van Gogh. Tutti i dipinti*, Milano 1990.

P. Leprohon, *Van Gogh*, Milano 1990.

T. Kodera, *Vincent van Gogh: Christianity versus Nature*, Amsterdam - Filadelfia 1990.

G. Fossi, *Sulle tracce di van Gogh*, Firenze 1990.

K. Jaspers, *Strindberg e Van Gogh*, ora in *Genio e follia. Malattia mentale e creatività artistica*, a cura di U. Galimberti, Milano 1990.

P. Bonafoux, *Van Gogh. Il sole in faccia*, Torino 1992.

J. Hulsker, *Vincent van Gogh. A Guide to His Works and Letters*, Zwolle 1993.

I. F. Walther-R. Metzger, *Van Gogh. Tutti i dipinti*, Colonia 1994.

A. Artaud, *Van Gogh, Il suicidato della società*, Adelphi, Milano 1996.

E. Crispino, *I maestri dell'arte. Van Gogh*, Milano 1996.

N. Heinich, *La gloria di Van Gogh. Saggio di antropologia dell'ammirazione*, 1997.

E. Crispino, *Van Gogh*, Firenze 1997.

I. Stone, *Brama di vivere*, Milano 1998.

E. Crispino, *Van Gogh. L'artista e le opere*, Firenze 1999.

J. Leighton, *Wheatfield with Crows*, Zwolle 1999.

G. Mori, *Impressionismo, Van Gogh e il Giappone*, fascicolo monografico allegato ad "Art e Dossier", n. 149, ottobre 1999.

I. F. Walther, *Vincent van Gogh* (Colonia 2001), trad. it. Roma 2001.

M. Goldin (a cura di), *L'impressionismo e l'età di Van Gogh*, Conegliano 2002.

A. Blühm, *Van Gogh tra antico e moderno*, fascicolo monografico allegato ad "Art e Dossier", n. 187, marzo 2003.

Studi medici e psichiatrici:

M. Bonicatti, *Il caso Vincent Willem van Gogh*, Torino 1977.

F-B. Michel, *Il volto di Van Gogh. Il folle, l'artista, l'uomo*, Milano 2001.

Siti Internet:

www.vangoghaventure.com
www.vggallery.com
Sur les traces de Vincent van Gogh, in www.chez.com/jeremy13

图书在版编目（CIP）数据

凡·高 /（意）恩里卡·克里斯皮诺著；杨馥译
. —西安：太白文艺出版社，2018.4
（艺术家系列）
ISBN 978-7-5513-1391-9

Ⅰ.①凡… Ⅱ.①恩…②杨… Ⅲ.①凡高（Van Gogh, Vincent 1853—1890）–传记 Ⅳ.①K835.635.72

中国版本图书馆CIP数据核字（2017）第303337号

For the original edition
Original title: "Van Gogh" by Enrica Crispino
Copyright © 2007 by Giunti Editore S.p.A., Firenze-Milano
www.giunti.it
The simplified Chinese edition is published in arrangement through Niu Niu Culture.

Chinese language copyright © 2018 by Phoenix-Power Cultural Development Co., Ltd.
All rights reserved.

著作权合同登记号　图字：25-2018-006 号

艺术家系列
凡·高
FAN GAO

作　　者	〔意〕恩里卡·克里斯皮诺
译　　者	杨　馥
责任编辑	曹　甜　王婧殊
特约编辑	盛　利
整体设计	Metis 灵动视线
出版发行	陕西新华出版传媒集团
	太白文艺出版社（西安北大街147号　710003）
	太白文艺出版社发行：029-87277748
经　　销	新华书店
印　　刷	北京旭丰源印刷技术有限公司
开　　本	787mm×1092mm　1/16
字　　数	65千字
印　　张	16
版　　次	2018年4月第1版　2018年4月第1次印刷
书　　号	ISBN 978-7-5513-1391-9
定　　价	92.80元

版权所有　　翻印必究
如有印装质量问题，可寄出版社印制部调换
联系电话：029-87250869

Referenze fotografiche

Tutte le immagini appartengono all'Archivio Giunti, Firenze, tranne:

Archivio Giunti / © Danilo De Marco - Mario Dondero: pp. 6, 7, 20, 52, 120, 182, 185, 204, 216.

Archivi Alinari, Firenze: pp. 40-41, 98, 99, 187.

© Archiv Friedrich / Interfoto: p. 217; © Artothek: pp. 47, 214, 218-219, 217, 232, 233, 234-235; © Blauel/Artothek: pp. 198, 199; © Christie's Images/Artothek: p. 31; © Hans Hinz/Artothek: pp. 186, 202; © Collection Christophel: p. 231; © Fine Art Images: pp. 154, 87; © Iberfoto: pp. 86,113,114; © ND / Roger-Viollet: p. 69; © Sammlung Rauch/ Interfoto: p. 171; © Topfoto: pp. 148, 210, 209; UIG: pp. 116, 115; © World History Archive: p. 155.

Contrasto:

© Erich Lessing: pp. 55, 28, 57, 58-59, 98, 99, 100-101, 224, 225, 120, 121, 122-123, 155, 156-157, 108, 109, 110, 110-111, 111, 138, 139, 162, 128, 129, 172, 133, 84, 83, 88, 89, 222- 223, 188, 215, 206, 206-207, 216, 196, 196-197.

© 2018, Foto Scala, Firenze: pp. 164-165, 194, 195.

© 2018, Foto Scala, Firenze / Bildarchiv Preussischer Kulturbesitz, Berlin: pp. 66, 64-65, 141d.

© 2018, Digital image, The Museum of Modern Art, New York / Scala, Firenze: pp. 190, 119, 167, 188, 189, 190-191.

Getty Images:

p. 47; © Yves Forestier / Sygma: pp. 2, 5; © De Agostini: p. 68.

© Mondadori Portfolio/AKG Images: p. 36.

(s=sinistra; d=destra; a=alto; b=basso)

© Andr Derain, Erich Eckel, Max Pechstein by SIAE 2018
Cover Photo credtis: Sammlung Rauch/Interfoto/Archivi Alinari